爸爸妈妈讲国学胎教

胎教枕边书

杨力 编著

中国轻工业出版社

胎教在我国已有几千年历史了,最早见于西周,周文王姬昌的母亲太任怀他时,"目不视恶色,耳不听淫声,口不出敖言,能以胎教",这是关于胎教的最早记载。后来周文王成为周朝的奠基者,当然不能将这归功于胎教,不过胎教虽不能创造天才,却能使宝宝更加聪明。

那么胎教的科学依据是什么?从胚胎发育学上分析,胎儿2个月时就有了触觉反应,4个月时对声音有了感知,6个月时胎儿的大脑有了基本的脑沟和脑回模式,7个月时具备了视、听、嗅的功能,这就是胎教的科学基础。

胎儿在妈妈肚中接受的胎教会留下记忆,出生后慢慢被唤醒,因为胎教能激活人脑的潜意识。古今中外无数的胎教故事已证实了这一点,这就给了我们启示:在怀胎十月的过程中,爸爸妈妈做一点有目的的胎教是有必要的。

那么最早应给胎儿教什么呢?当然是博大精深的国学,它是打开胎宝宝智慧的第一扇窗口。本书精选多篇诗词歌赋、神话传说、成语寓言……配合精美的水墨彩图,给爸爸妈妈带来了美妙的国学感受,再由他们将胎教的智慧"传递"给胎宝宝。此外,这本书不仅适合爸爸妈妈和腹中的胎宝宝分享,还适合爸爸妈妈在宝宝出生后一起做亲子阅读,是一本可以看很久的好书。

祝愿天下所有的爸爸妈妈和小宝贝们健康幸福!

目录

壹 —— 诗词歌赋

璀璨明珠 美不胜收

咏鹅	010	小池	028
静夜思	013	绝句	030
山村咏怀	014	独坐敬亭山	033
春晓	016	山行	034
画	019	宿新市徐公店（其二）	036
夜宿山寺	020	早发白帝城	039
所见	022	敕勒歌	040
游子吟	024	登鹳雀楼	042
咏柳	026	悯农（其二）	045

清明	046	江南	064
江南春	048	春江花月夜（节选）	066
送元二使安西	051	清平乐·村居	068
赠汪伦	052	渔歌子	070
望庐山瀑布	054	如梦令·常记溪亭日暮	073
四时田园杂兴（其二十五）	056	水调歌头·明月几时有	074
回乡偶书	059	天净沙·秋	076
小儿垂钓	060	天净沙·秋思	078
山居秋暝	062		

贰 神话传说

瑰丽想象
扣人心弦

开天辟地	082
女娲造人	084
女娲补天	086
嫦娥奔月	088
精卫填海	090
牛郎织女	092
仓颉造字	094
夸父逐日	096
钻木取火	098
大禹治水	100
哪吒闹海	102
八仙过海	104

叁 成语故事

历史的积淀　语言的精华

鱼跃龙门	108
三顾茅庐	110
一鸣惊人	112
熟能生巧	114
一诺千金	116
白马非马	118
指鹿为马	120
毛遂自荐	122
愚公移山	124
点石成金	126
胸有成竹	128
百发百中	130
画龙点睛	132
望梅止渴	134
闻鸡起舞	136

肆 — 寓言故事

意味深长 终身受益

三个和尚	140	高山流水	154
朝三暮四	142	铁杵成针	156
掩耳盗铃	144	狐假虎威	158
坐井观天	146	猴子捞月	160
守株待兔	148	一叶障目	162
南辕北辙	150	刻舟求剑	164
画饼充饥	152	菱生山中，姜长树上	166

诗词歌赋

— 壹 —

璀璨明珠
美不胜收

妈妈说

亲爱的宝贝,我是妈妈。你是爸爸妈妈爱的结晶,妈妈很爱你哦。从今天起,妈妈就要读诗给宝贝听了,希望宝贝听着妈妈的声音,快快乐乐地长大!这首写大白鹅的诗,很有趣哦!

咏鹅
唐·骆宾王

鹅,鹅,鹅,
曲项向天歌。
白毛浮绿水,
红掌拨清波。

扫一扫 听音频

国学赏析

一天,七岁的小骆宾王在池塘边玩。客人见他很机灵,就想考考他,指着鹅让他作诗。这可没难倒小骆宾王,他当下创作了这首诗。诗中描述了这样一幅美妙的画面:鹅,鹅,鹅,弯着脖子对着天唱歌;洁白的羽毛浮在绿色的水面上,红色的脚掌拨动着清清的池水。宝贝,希望你也能像这些鹅一样自由、快乐地成长,享受生活中的每一刻。

| 妈妈说 |

宝贝,自从有了你,妈妈总在想你到底长什么样子,梦里都在想!你知道吗?在很久以前的唐朝,有一个人晚上睡不着,写了一首诗,特别有名!妈妈这就读给你听。

静夜思
唐·李白

床前明月光,
疑是地上霜。
举头望明月,
低头思故乡。

扫一扫 听音频

| 国学赏析 |

这首诗写的是诗人思念故乡的感受,寂静的月夜,看着窗前洒下的明亮月光,恍然间以为是地上泛起了白霜,他抬起头看看月亮,心头泛起阵阵思念故乡的波澜,他想家了。宝贝,家是一生的港湾,爸爸妈妈会给你一个美丽温馨的家,家门永远为你敞开!

妈妈说

宝贝,妈妈读到了一首非常有趣的数字诗,短短四句诗中依次嵌入了一到十的数字,是小朋友们学习数学的启蒙诗。爸爸妈妈希望以后能带宝贝一起去山村看杏花、蹚溪水。宝贝,先跟妈妈一起到诗里游玩吧!

山村咏怀①
宋·邵雍

一去二三里,
烟村四五家。
亭台六七座,
八九十枝花。

注①:又名《一去二三里》。

国学赏析

距离二三里（相当于现在的 1000~1500米）远的地方，有一个小山村，炊烟袅袅，住着四五户人家，不远处还有六七座亭子，树上、路边盛开着许多美丽的花朵。宝贝，风景是不是很美呢？除了美景，妈妈还很喜欢诗里的数字，它们就像一个一个小精灵，跳闹着、欢笑着，希望你也能像这些小精灵一样活泼可爱！

扫一扫听音频

春晓
唐·孟浩然

春眠不觉晓，
处处闻啼鸟①。
夜来风雨声，
花落知多少。

注①：啼鸟，鸟的啼叫声。

妈妈说

哈喽，小宝贝，今天妈妈要为你读一首关于春天的诗。春天，有清脆的鸟鸣声，有阵阵的春雨，还有芬芳的花朵……一起来读诗吧！

春天的夜晚让人睡得格外香甜，不知不觉天就亮了，到处都是清脆的鸟鸣声。昨天夜里又是刮风又是下雨，不知道花被吹落了多少？宝贝，这也许是你将来会背的第一首诗，整首诗就像行云流水一样平易自然，妈妈希望未来你能过得平和、随性。

妈妈说

宝贝，妈妈今天带你欣赏一幅画，画上有高高的山，清清的水。宝贝也喜欢对不对？ 妈妈再为你读一首关于画的诗，这首诗像谜语一样好玩，快来听吧。

画

唐·王维

远看山有色，
近听水无声。
春去花还在，
人来鸟不惊。

扫一扫听音频

国学赏析

远远地看去，高山颜色青翠，走近却听不到流水声。春天过完了，花却常开不败。人来了，鸟却没有受惊飞走。按常理来说，人眼看远处的山是模糊的，但此处的远山山色清晰；在近处听流水，应当能听到水声，此处却无声。 宝贝猜一猜，这是为什么呀？对啦，因为这是一幅画，山、水、花、鸟都是画上的。

妈妈说

宝贝，今天妈妈带你去一座高耸的山峰，上面有一座寺院，这座寺院峻峭挺拔，登上去以后，仿佛随手就能摘下天上的星星。

夜宿山寺
唐·李白

危楼高百尺[①]，
手可摘星辰。
不敢高声语，
恐惊天上人。

扫一扫听音频

注①：危楼，指建在山顶的寺庙。

国学赏析

山上寺院的高楼可真高啊，好像有一百尺[②]的样子。人在楼上好像一伸手就可以摘下天上的星星。站在这里，诗人都不敢大声说话，唯恐惊动了天上的神仙。整首诗没有一个生僻字，却句句惊人，酣畅淋漓地表现出了人在高处的愉悦、豪放、可爱、率真。就像诗中描写的高楼一样，世界上有许多奇妙的事物等待我们去探索。妈妈希望你长大后，能够勇敢地追求和探索，去感受这个未知的世界。

注②：三尺相当于1米，一百尺大约33米。诗中"百尺"是虚数，不是实数，形容楼很高。

扫一扫 听音频

胎教课堂

融入大自然

胎宝宝生活在子宫里,这里是胎宝宝的家,胎宝宝需要什么营养,准妈妈都会输送给他。另外,准妈妈生活的环境是胎宝宝生活的外环境,外环境对胎宝宝也很重要。良好的外环境,能使胎宝宝得到良好的滋养,准妈妈在孕期可以多亲近美丽的大自然,把快乐和美的感受传递给胎宝宝。

所见

清·袁枚

牧童骑黄牛,
歌声振林樾①。
意欲捕鸣蝉,
忽然闭口立。

注①:樾读 yuè,林樾指路旁成荫的树。

妈妈说

嗨,妈妈的乖宝贝,现在,妈妈要给宝贝读诗啦。诗中有个放牛的小牧童,去看看他遇到了什么好玩的事儿吧。

国学赏析

宝贝看,这位小牧童真有趣呀!他本来骑在牛背上正唱歌呢,忽然听到树上有蝉在叫,就立马跳下牛背,一声不响地站在了树旁,准备捉住那只蝉。宝贝,你看小牧童高坐牛背,时而大声唱歌,那么天真烂漫,悠闲自在;时而屏住呼吸,眼望鸣蝉,那么专注。这首诗把小牧童一动一静的自然神态刻画得活灵活现。

妈妈说

嗨,小宝贝,妈妈正把手放在肚子上,你能感觉到妈妈的抚摸和爱意吗?妈妈希望能把全世界最好的爱都给你!现在就让妈妈读诗给你听吧。

游子吟
唐·孟郊

慈母手中线,
游子身上衣。
临行密密缝,
意恐迟迟归。
谁言寸草心,
报得三春晖。

扫一扫 听音频

国学赏析

母亲手里拿着针线,正在为将要出远门的儿子缝制衣服。临走前一针一针密密地缝着,怕的是儿子在外太久、回来得晚,衣服不够穿。子女的孝心像小草那样微弱,母爱却像春天的阳光一样普照大地,有谁敢说,子女能报答得了母亲的恩情呢?这首诗通过细腻的描写,展现了母爱的伟大和无私。宝贝,当你长大后,无论走到哪里,妈妈的爱都会伴随着你。妈妈会像诗中慈母一样,永远支持你、爱护你。

胎教课堂

爱的教育

用爱心培育的胎宝宝，出生后会性格平和。如果准妈妈常常生气或悲伤，这些负面情绪也会传给胎宝宝，使其受惊吓，可能会影响日后宝宝性格的养成。日本胎教专家七田真认为，爱的缺乏可能产生很多可怕的、想不到的后果。所以，用爱包围胎宝宝吧。

扫一扫 听音频

妈妈说

宝贝,妈妈给你读一首关于春天的诗。春天是什么颜色的呢?春天是绿色的,因为柳树换上了绿衣裳,小草从路边冒出了头;春天也是五颜六色的,迎春花开了,山茶花开了……

国学赏析

柳树就像是用绿色的玉装扮过的,千万条柳枝如绿色丝带一般垂下。这一片片柳叶,是谁剪出来的呢?哦!是二月的春风,它就像剪刀一样,剪出了片片柳叶。这首诗写出了二月春风的神奇,因为春风过后,柳叶仿佛一夜间就长出来了!宝贝,爸爸妈妈期待你像春天一样,充满生机和活力。

咏柳
唐·贺知章

碧玉妆成一树高,
万条垂下绿丝绦。①
不知细叶谁裁出,
二月春风似剪刀。

注①:绦读 tāo,意思是用丝编成的绳带。这里指像丝带一样的柳条。

扫一扫听音频

胎教课堂

色彩与准妈妈情绪

合适的色彩及色彩搭配会让准妈妈感觉很愉悦,有的色彩却会让人感觉不舒服。准妈妈可以多接触一些偏冷的色彩,如绿、蓝、白等,这些色彩能帮助准妈妈保持宁静平和的心情,使胎宝宝也平和健康地成长。孕期不宜多接触红、黑、灰等,这些色彩容易使准妈妈产生烦躁、恐惧及悲伤的情绪,过多接触对胎宝宝可能会产生不好的影响。

扫一扫听音频

| 妈妈说 |

宝贝，你就像一朵荷花，开在爸爸妈妈的心尖上，爸爸妈妈会永远呵护你。现在，妈妈要给宝贝读一首关于小池塘的古诗，那里有小荷、泉眼、大树，还有蜻蜓，它们相处得很愉快！

小池
宋·杨万里

泉眼无声惜细流，
树阴照水爱晴柔。
小荷才露尖尖角，
早有蜻蜓立上头。

扫一扫听音频

国学赏析

泉眼没有声响,悄悄流着,它很珍惜自己的水流。大树把影子映在水面上,它很喜欢晴天柔和的景色。小荷叶刚刚从水面露出尖尖的角,就有调皮的小蜻蜓站在了它的上头。这首诗小巧、精致,仿佛一幅花草虫鸟的水墨画,玲珑剔透,生机盎然。宝贝,妈妈好希望你未来的人生也充满诗情画意。

绝句
唐·杜甫

两个黄鹂鸣翠柳,
一行白鹭上青天。
窗含西岭千秋雪,
门泊东吴万里船。

— 妈妈说 —

宝贝,晚上好。今晚的夜空很亮很亮,星星们像小眼睛似的眨呀眨呀,像好奇的宝贝在听月亮妈妈讲故事,宝贝也来听妈妈读诗吧。

国学赏析

两只黄鹂鸟在翠绿的柳枝上鸣叫,一行白鹭排着队飞上了蓝天。从窗口望去,可以看见西岭上千年不化的积雪,门口停放着从东吴千里迢迢而来的船只。

这是一首描绘春天景色的诗,通过细腻的描写展现了自然之美。妈妈希望你长大后,也能像诗人杜甫一样,拥有发现美的眼睛。

妈妈说

宝贝，结束了一天的忙碌，妈妈来为你读首诗吧。今天妈妈要读一首闲适清幽的诗，诗中的"尽""闲"二字可以将妈妈和宝贝带入格外清静的环境。

独坐敬亭山
唐·李白

众鸟高飞尽，
孤云独去闲。
相看两不厌，
只有敬亭山。

扫一扫听音频

国学赏析

鸟儿们全都飞远了，天空中不见一只鸟儿的影子。白云也像不愿停留似的，慢慢地越飘越远。只有我和敬亭山相互默默看着，谁也不会觉得厌烦。宝贝，你感受到了吗？在一群山鸟的喧嚣声消匿之后，这里格外清静，在翻滚的厚云消失天际之后，这里格外清幽，诗人在这样的环境中独坐，情意悠然。

妈妈说

宝贝，妈妈今天为你读一首描写山林秋色的诗，诗中有山路、人家、白云、红叶，互相衬托，呈现出热烈而绚烂的秋日景象。

山行
唐·杜牧

远上寒山石径斜，
白云生处有人家。①
停车坐爱枫林晚，
霜叶红于二月花。

注①：生，一说"深"。

扫一扫听音频

国学赏析

沿着一条弯弯曲曲的石板小路上山，在白云升腾的地方竟然有几户人家。这满山的枫树林真是太美了，诗人不由地停下来看晚景，这火红的枫叶真是比江南二月的花还要艳丽呀！宝贝，等你长大些，在深秋时节，爸爸妈妈也带你一起去欣赏美丽的枫叶！

| 妈妈说 |

宝贝,今天下午,咱家楼下的小花园里,有很多小朋友在玩儿,有的滑滑梯、有的踢皮球……现在是晚上了,小朋友都回家休息了,妈妈给宝贝读首捉蝴蝶的诗好不好?听完做个美梦哦!

宿新市徐公店(其二)
宋·杨万里

篱落疏疏一径深,
树头花落未成阴。①
儿童急走追黄蝶,
飞入菜花无处寻。

注①:花落,一说"新绿"。

扫一扫听音频

国学赏析

稀稀落落的篱笆旁,有一条小路。路旁有几棵树,树上的花落了,叶子刚刚长出来,还没有形成树荫。几个小朋友追着黄蝴蝶到处跑,想要捉住它,可是黄蝴蝶飞到一片金灿灿的菜花丛中去了,小朋友们再也找不到蝴蝶了。宝贝,等你长大一点儿,我们一起去公园,看看美丽的花儿,追那些漂亮的蝴蝶,感受大自然的奇妙。

胎教课堂

儿歌胎教

胎宝宝4个月的时候,对声音已经有一定的感受能力了。儿歌语言活泼简短、节奏明快,便于吟诵,更容易被胎宝宝听懂。一些内容向上、节奏明快的儿歌,如《两只老虎》《数鸭子》《拔萝卜》《小老鼠上灯台》《粉刷匠》等都是不错的选择。准妈妈最好能自己哼唱给胎宝宝听,而不是借助别人的演唱。另外,应轻轻哼唱,不要大声高歌。

扫一扫听音频

妈妈说

我的宝贝,晚上好呀!今天妈妈给你读一首唐朝大诗人李白的诗。唐乾元二年的三月,李白因永王李璘案,流放夜郎,取道四川赶赴被贬谪的地方。到白帝城的时候,李白忽然收到了赦免的消息,惊喜交加,随即乘船到江陵。诗人乘兴写下了这首诗,宝贝,来体会一下诗人的心情吧。

早发白帝城
唐·李白

朝辞白帝彩云间,
千里江陵一日还。
两岸猿声啼不住,
轻舟已过万重山。

扫一扫听音频

国学赏析

早晨,诗人告别仿佛高入云霄的白帝城,要到江陵去。一千里的路,一天就能到了。两岸猿猴的叫声还在耳边响着,轻快的小船已穿过了重重青山。这首诗表达了诗人愉快的心情。宝贝,等你长大了去爬山,爬到山顶往回看时,也能体会到"轻舟已过万重山"的心情。

妈妈说

宝贝,大自然中有很多漂亮、神奇的景色,比如火烧云、海市蜃楼等。今天咱们去敕勒草原看看牛羊吧。

敕勒歌
北朝民歌

敕勒川,阴山下,
天似穹庐,笼盖四野。
天苍苍,野茫茫,
风吹草低见牛羊。

国学赏析

敕勒川的天空,四面都与大地相连,看起来像个蒙古包。天空蓝蓝的,草原无边无际,一阵风吹弯了牧草,露出了成群的牛羊。宝贝,咱们的国家幅员辽阔,这首诗描绘了北方草原的辽阔壮美,等你长大些,我们天南海北都要去感受一下。

扫一扫听音频

| 爸爸说 |

乖宝贝，你好呀，今天爸爸给宝贝读一首关于鹳雀楼的诗。鹳雀楼位于山西省永济市，传说常有鹳雀在此停留，故得此名。唐宋时期很多文人雅士都曾登楼赏景留下过不朽诗篇，今天要读的这首诗堪称千古佳作，无人不知。

登鹳雀楼
唐·王之涣

白日依山尽，
黄河入海流。
欲穷千里目，
更上一层楼。

扫一扫听音频

| 国学赏析 |

夕阳依傍着西山慢慢地落下了，浩浩荡荡的黄河水向大海奔流而去。要想看到更远的美景，就要再登上更高的一层楼。这首诗告诉我们，在人生的道路上，只有不断追求、勇于攀登，才能看到更广阔的世界。宝贝，希望你长大后，也能像诗人一样，勇于探索、勇往直前。

胎教课堂
和胎宝宝玩踢肚游戏

准妈妈一般在孕四五月的时候就可以感受到胎动了，这时候可以和胎宝宝玩踢肚游戏了。当胎宝宝踢肚时，准妈妈可以轻轻拍打被踢的地方，然后等待第二次踢肚。一般在一两分钟后，胎宝宝会再踢，这时再轻拍几下。如果准妈妈拍打的地方变了，胎宝宝踢肚的地方可能也会随着变。踢肚游戏可以每天玩两次，每次持续几分钟。如果游戏中感觉到不舒服，要立即停下来。

扫一扫听音频

爸爸说

宝贝，万物生长都离不开太阳。没有太阳，庄稼就没法生长啦，没有庄稼，宝贝就要饿肚子了。这里有首诗，写的就是农民顶着大太阳种庄稼的事儿，宝贝听爸爸读给你听。

悯农（其二）
唐·李绅

锄禾日当午，
汗滴禾下土。
谁知盘中餐，
粒粒皆辛苦。

扫一扫听音频

国学赏析

在中午的大太阳暴晒下，农民正在田里用锄头给禾苗松土，汗珠一滴一滴掉在了禾苗生长的土地上。有谁知道我们餐盘中粮食的来之不易啊，每一粒都是农民用辛勤的劳动换来的。宝贝，我们的一日三餐都是农民辛苦种出来的，以后你吃饭的时候，一定要把碗里的饭吃完，不要浪费哦。

— 爸爸说 —

宝贝,你瞧,这幅画上的小雨滴从天上下来,在树叶上、小草上、河面上跳舞呢!快看,小牧童的牛背上、杏花上,都有小雨滴!

清明
唐·杜牧

清明时节雨纷纷,
路上行人欲断魂。
借问酒家何处有,
牧童遥指杏花村。

扫一扫听音频

国学赏析

清明节这天细雨纷纷,路上的行人神情凄迷,极度伤感。寻问牧童何处能借酒消愁,牧童用手指向杏花村的方向。宝贝,小牧童很热情地为行人指路,宝贝要向他学习,多多帮助别人哦。

— 爸爸说 —

宝贝,妈妈和爸爸谁的声音更好听?哈哈,让爸爸猜一猜,你是不是既喜欢妈妈唱歌婉转的声音,也喜欢爸爸读诗洪亮的声音,对不对?听爸爸读诗喽!

江南春
唐·杜牧

千里莺啼绿映红,
水村山郭酒旗风。
南朝四百八十寺,
多少楼台烟雨中。

扫一扫听音频

国学赏析

春天的江南,到处莺歌燕舞,四面花红柳绿。那依山傍水的村庄和城郭,处处酒旗飘动。南朝遗留下来的许许多多佛教寺院,无数楼台在春风细雨中若隐若现,景色朦胧迷离。这首诗像迅速移动的电影镜头,捕捉着江南美景,多么广阔、深邃和迷离。宝贝,爸爸以后一定带你亲身体会一下江南美景。

| 爸爸说 |

宝贝,在你长大的过程中会遇到很多朋友,也难免分别,但是不需要伤心,现在的通信技术、交通工具都很发达,想和朋友聊天、见面很容易实现。但是在古代,朋友分别后再见有点难,爸爸给你读一首王维的诗,体会一下诗人对朋友的惜别之情吧!

送元二使安西
唐·王维

渭城朝雨浥①轻尘,
客舍青青柳色新。
劝君更尽一杯酒,
西出阳关无故人。

注①:浥读 yì。

扫一扫听音频

| 国学赏析 |

渭城的早上,下了一场小雨,湿润了路面的尘土。旅店的屋瓦青青,柳树的叶片翠绿一新。就要分别了,真诚地劝朋友再干一杯酒,等你向西出了阳关,就见不到老朋友了。这首诗表达了诗人对友人即将远赴边疆的不舍之情。宝贝,要珍惜和朋友相处的时光,即使分别,也可以拥有美好的记忆。

爸爸说

爸爸今天给宝贝读一首写朋友间友谊的诗吧,希望宝贝以后能有很多志趣相投的好朋友,一起快快乐乐地长大。

赠汪伦
唐·李白

李白乘舟将欲行,
忽闻岸上踏歌声。
桃花潭水深千尺,
不及汪伦送我情。

扫一扫听音频

国学赏析

宝贝,李白是唐朝大诗人,他一生喜欢游山玩水,结交好友。他游桃花潭时,汪伦经常用自己酿的美酒款待他,两人结下了深厚的友谊。这首诗写的是汪伦送别李白的场景:李白坐上小船刚刚要离开,忽然听到岸上传来悠扬的踏歌之声,原来是汪伦在给李白唱送别歌。李白想,即使桃花潭水有一千尺那么深,也不及汪伦送别我的情谊深啊!

胎教课堂

胎宝宝声音喜好

胎宝宝从 4 个月开始,就可以听到声音了。到 6 个月大的时候,就能分辨出不同的声音了。胎宝宝最喜欢妈妈的声音和小鸟的叫声,多让胎宝宝听听这些声音吧!胎宝宝最不喜欢吵闹的声音,妈妈要记得尽量避开嘈杂的环境哦!

扫一扫 听音频

| 爸爸说

哈喽,宝贝,你已经听过了小雨的沙沙声,也听过了大雨的哗哗声,但是有一种水的声音,爸爸敢说,宝贝肯定没听过,那就是瀑布的声音。瀑布是什么?爸爸找首诗给你讲讲啊。

望庐山瀑布
唐·李白

日照香炉生紫烟,
遥看瀑布挂前川。
飞流直下三千尺,
疑是银河落九天。

扫一扫听音频

国学赏析

太阳照在香炉峰上,升起淡淡的紫烟。远远看去,瀑布挂在山前,像是有几千尺,让人怀疑是天上的银河落到了人间。宝贝,明白了吧,瀑布就是流水从悬崖上直冲而下形成的,水声很响,水花到处飞溅。

四时田园杂兴（其二十五）

宋·范成大

梅子金黄杏子肥，
麦花雪白菜花稀。
日长篱落无人过，
惟有蜻蜓蛱蝶飞①。

注①：蛱读 jiá，蛱蝶为蝴蝶的一种，成虫呈赤黄色，翅膀有鲜艳的色斑。

爸爸说

宝贝，爸爸今天在上班的时候好想你呀，妈妈说你今天很高兴，和妈妈玩踢肚游戏玩得很开心。作为奖励，爸爸给你读首好玩的诗吧。

扫一扫听音频

国学赏析

一树的梅子变得金黄，杏子也越长越大了。荞麦花一片雪白，油菜花倒显得稀稀落落。白天变长了，篱笆的影子变得越来越短，农民们都在地里忙着，没有人从这里经过，只有蝴蝶和蜻蜓绕着篱笆飞来飞去。宝贝，爷爷奶奶家的小院里也种着很多花花草草，蒲公英、玫瑰花、凤仙花、金银花……咱们有时间就多去看看吧！

回乡偶书
唐·贺知章

少小离家老大回,
乡音无改鬓毛衰。
儿童相见不相识,
笑问客从何处来。

| 爸爸说 |

宝贝,又到读诗的时间了,今天爸爸给你读一首游子返乡的诗,希望宝贝以后不管在世界什么地方,都能抽时间多回家看看。

| 国学赏析 |

诗中的这位老者在年少时就离开了家乡,现在鬓发花白终于回来了,他说着一口本地话,原本在嬉戏打闹的一群孩童,都纷纷围到老者身边,询问他是哪里来的客人?宝贝,人会长大、变老,可能样子会变,但对家乡的感情不会变。

胎教课堂

孕期多看一些宝宝照

当看着一张张可爱的宝宝照时,准妈妈的心是不是会瞬间变得柔软,长期看漂亮的宝宝照,胎宝宝也会受到熏陶。也可以找张夫妻俩小时候的漂亮照片,想象宝宝未来的样子,每天多看看,共享美妙的胎教时光。

扫一扫听音频

| 爸爸说 |

淘气宝贝,最近你开始学会用小拳头在妈妈肚子上打小鼓包了,妈妈发现了,还指给爸爸看了呢!宝贝现在还不想睡觉,是吧?今天爸爸给你读首有趣的诗,听完要好好睡觉哦!

小儿垂钓
唐·胡令能

蓬头稚子学垂纶,
侧坐莓苔草映身。
路人借问遥招手,
怕得鱼惊不应人。

扫一扫听音频

国学赏析

一个头发蓬乱的小孩在河边学习钓鱼,斜身坐在草丛里,野草映衬着他的身影。听到有人问路,小孩怕惊走鱼儿,连忙摆手不敢回答。这位小哥哥好有趣啊,宝贝,你喜欢他吗?

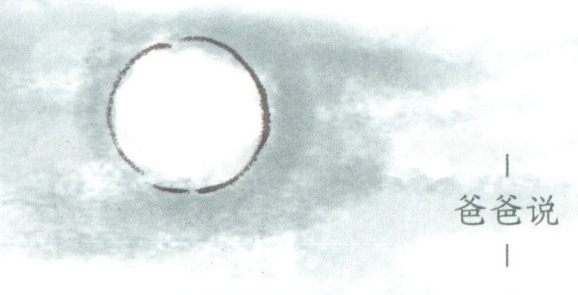

爸爸说

宝贝,你知道吗? 刚下过雨的空气能闻到青草的味道,特别清新!爸爸给宝贝读一首描写雨后景致的诗吧,仔细听哟!

山居秋暝
唐·王维

空山新雨后,
天气晚来秋。
明月松间照,
清泉石上流。
竹喧归浣女①,
莲动下渔舟。
随意春芳歇,
王孙自可留。

注①:浣读 huàn,浣女指洗衣姑娘。

扫一扫 听音频

国学赏析

山上刚下过一场雨,晚上有些凉意,让人感到现在是初秋了。明亮的月光从松树的间隙洒下,清清的泉水从石头上叮咚流过。竹林深处有笑声和响动,是洗衣姑娘回来了。莲叶在轻轻摆动,应该是有小船穿过。春天的美景不妨任它消逝,秋天的山中美景,也可以把来此地隐居的人留住。宝贝,这是大诗人王维眼中的秋天——雨后的青山、月光穿过松林、泉水叮咚流淌……等你长大了,我们一起去找寻你眼中的秋天。

爸爸说

宝贝,爸爸妈妈有两个愿望,一个是希望宝贝健康快乐地成长,一个是希望到江南过"小桥流水人家"的日子。今天给宝贝读一首关于江南采莲的乐府歌,宝贝听一听,你喜欢这种生活吗?

江南
汉乐府

江南可采莲,
莲叶何田田。
鱼戏莲叶间。
鱼戏莲叶东,
鱼戏莲叶西,
鱼戏莲叶南,
鱼戏莲叶北。

扫一扫听音频

胎教课堂

读懂胎动

胎宝宝就像嬉戏的小鱼一样,一会儿在这,一会儿在那。其实,胎动动作代表了胎宝宝要说的话,准父母要试着读懂哦!像波浪一样柔和地蠕动——"吃饱喝足了,好快乐呀";胎动很大或者突然一下——"我受到惊吓啦!快来安慰我"或"我很生气";胎动很有节奏感——"我在打嗝呢"或"我在跟着音乐跳舞呢";同时好几个方向鼓起来——"哈哈,伸个懒腰";肚皮一会儿这边鼓起来,一会儿那边鼓起来——"我在翻身呢"。但如果胎动突然太过频繁,有可能是胎宝宝缺氧,要立即去医院检查。

扫一扫听音频

国学赏析

到了江南采莲的季节,莲叶浮出水面,层层叠叠地迎风招展。在荷叶下面,鱼儿们玩得真高兴呀,一会儿在东,一会儿在西,一会儿在南,一会儿在北。宝贝,这是一首采莲歌,反映了采莲时的场景和采莲人欢快的心情,你感受到了吗?

爸爸说

宝贝,爸爸今天要读的诗作名叫《春江花月夜》。这首诗勾勒出了一幅春江月夜的壮丽画面,其中,诗人对月光的观察极其细微,"空里流霜不觉飞,汀上白沙看不见",细腻的笔触创造了一个神话般美妙的世界。宝贝,一起来体会一下吧。

春江花月夜(节选)

唐·张若虚

春江潮水连海平,海上明月共潮生。
①滟滟随波千万里,何处春江无月明。
江流宛转绕芳甸,月照花林皆似②霰。
空里流霜不觉飞,汀上白沙看不见。
江天一色无纤尘,皎皎空中孤月轮。
江畔何人初见月,江月何年初照人?
人生代代无穷已,江月年年③望相似。
不知江月待何人,但见长江送流水。

注①:滟读 yàn,滟滟指波光荡漾的样子。
注②:霰读 xiàn,霰指空中降落的白色不透明的小冰粒。诗中形容月光下春花晶莹洁白。
注③:望,一说"只"。

扫一扫 听音频

— 国学赏析 —

宝贝,你知道吗?唐朝是诗人的摇篮,孕育了许多诗坛大咖,留下了许多旷世杰作。其中有一位诗人,只凭借一首诗,便可"压全唐"。这就是张若虚,爸爸刚给你读的《春江花月夜》就是他写的。诗中向大家描绘了柔曼清丽的春,流连蜿蜒的江,艳丽迷蒙的花,空明高远的月,还有那静谧忧郁的夜。它魅力十足,难以复制,孤篇横绝。

妈妈说

宝贝,你在动呢,好激动啊,以后要多和妈妈互动哦。妈妈今天给你读的词,描写的是一个五口之家的生活画面,他们都在忙什么呢?咱们瞧瞧去。

清平乐·村居
宋·辛弃疾

茅檐低小,
溪上青青草。
醉里吴音相媚好,
白发谁家翁媪①?
大儿锄豆溪东,
中儿正织鸡笼。
最喜小儿亡赖②,
溪头卧剥莲蓬。

注①:翁媪,媪读ǎo,老翁、老妇。
注②:亡读wú,亡赖指小孩顽皮、淘气。

扫一扫听音频

国学赏析

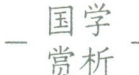

草屋的茅檐又低又小，溪边长满了绿绿的小草。带有醉意的吴地方言，听起来又温柔又美好，那满头白发的老人是谁家的呢？他们的大儿子正在溪东头的豆田里锄草，二儿子正忙着编鸡笼。最令人喜爱的是淘气的小儿子，他正躺在溪边剥莲蓬吃。宝贝，这一家人生活得多幸福啊，你和爸爸妈妈也是幸福的一家人！

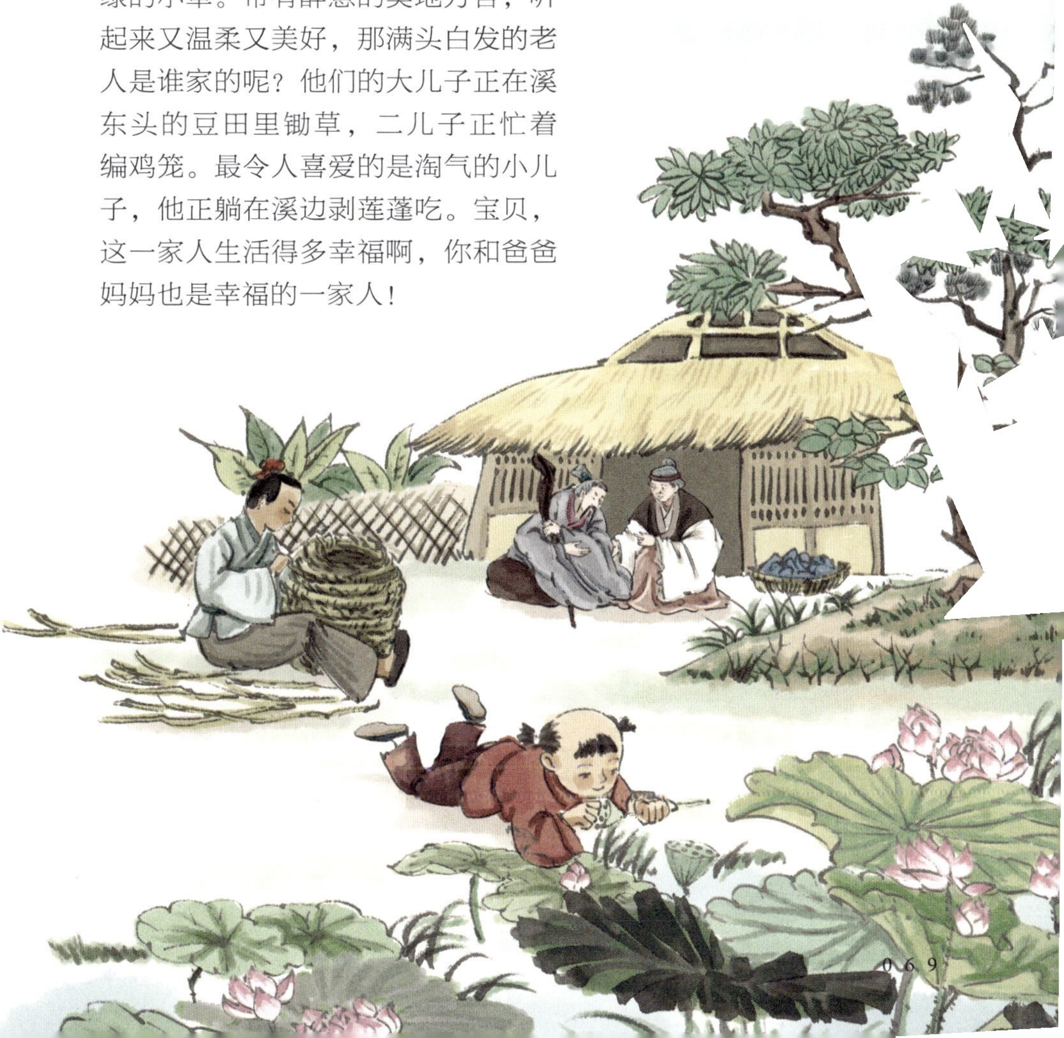

— 爸爸说 —

宝贝,等你出生后,爸爸一定带你去感受大自然的美好,看天空中自由飞翔的小鸟,看水中悠游自在的鱼儿,看红花绿柳,感受清风拂面……哎呀,爸爸都有点等不及了,先给宝贝读一首描写西塞山前景色的词吧。

渔歌子
唐·张志和

西塞山前白鹭飞,
桃花流水鳜鱼肥①。
青箬笠②,绿蓑衣,
斜风细雨不须归。

注①:鳜读 guì。
注②:箬笠读 ruò lì。

扫一扫听音频

国学赏析

西塞山前,几只白鹭自在地飞着。桃花盛开,江水猛涨,河里鳜鱼正是肥美。一位老人,头上戴着斗笠(用竹叶、竹篾编的宽边帽子,常作为雨具),身上穿着绿色的蓑衣(用茅草或者棕丝编织成的,常用来挡风遮雨),正在斜风细雨中捕鱼,不愿回家。宝贝,等你长大了,爸爸也带着你去摸鱼、捉虾、抓螃蟹,让你拥有快乐的童年。

爸爸说

宝贝,今天爸爸给你读一首宋朝著名女词人李清照的词,她从小就文采出众,有"千古第一才女"之称!

如梦令·常记溪亭日暮
宋·李清照

常记溪亭日暮,
沉醉不知归路。
兴尽晚回舟,
误入藕花深处。
争渡,争渡,
惊起一滩鸥鹭。

扫一扫听音频

国学赏析

宝贝,美好快乐的事情总是让人铭记,甚至频繁地想起。这首词是女词人对一次酒后郊游产生的追忆。曾记得一次在溪边亭中饮酒到日暮,喝醉了找不到回家路。尽兴以后大家乘着夜色赶快掉转船头,却不料走错了路,把小船划进了荷花深处。怎么出去呢?匆忙划船,却惊起了一群鸥鹭。这首词洋溢着生活的气息和欢快的旋律,意境优美怡人,爸爸希望你和妈妈时常有这样美好的生活。

爸爸说

宝贝,今天爸爸带你认识一个咱们国家的传统节日——中秋节,当晚的月亮是一年中最漂亮的,大人小孩都会赏月。下面这首写中秋圆月的词,可是千古名篇。

水调歌头·明月几时有
宋·苏轼

明月几时有?把酒问青天。

不知天上宫阙,今夕是何年。

我欲乘风归去,又恐琼楼玉宇,

高处不胜寒。

起舞弄清影,何似在人间?

转朱阁,低绮户①,照无眠。

不应有恨,何事长向别时圆?

人有悲欢离合,月有阴晴圆缺,

此事古难全。

但愿人长久,千里共婵娟。

注①:绮读qǐ,绮户是指雕饰华丽的门窗。

国学赏析

宝贝,中秋节是团圆的节日。不过,苏轼在这天并没有见到日思夜想的弟弟,有感而发写下了这首诗。明月是何时开始有的?我端起酒杯问上天。不知道天上的宫殿,现在是哪一年哪一月了。我想乘着风回到天上,又怕在美玉砌成的宫殿里,受不住高处的寒冷。翩翩起舞,玩赏着月下清影,天上哪里比得上人世间?月亮转过朱红色的楼阁,低低地挂在雕花的窗户上,照着没有睡意的自己。明月不该对人有怨恨呀,但为什么偏偏在人们离别时才圆呢?人有悲欢离合的变迁,月有阴晴圆缺的转换,这种事儿自古难以周全。只希望所有人的亲人都能平安健康,即便不能相聚一处,也能在千里皓月下互诉相思吧!

扫一扫 听音频

爸爸说

宝贝,今天爸爸带你认识一下秋天!秋天是什么样子的呀,秋天的树叶会变黄,气温会慢慢变低……接下来,爸爸读首关于"秋天"的元曲①给你听吧。

注①:元曲是盛行于元朝的文艺形式,为散曲或杂剧的通称,是一种文学体裁,与唐诗、宋词有着相同的文学地位。

天净沙·秋
元·白朴

孤村落日残霞,
轻烟老树寒鸦,
一点飞鸿影下。
青山绿水,
白草红叶黄花。

扫一扫听音频

国学赏析

太阳渐渐西沉,几片晚霞照着一个孤零零的村子,几缕淡淡的炊烟飘起,几只乌鸦栖息在老树上。忽然,一只大雁飞掠而下,飞过天际。环顾四周,山清水秀,霜白的小草、火红的枫叶、金黄的花朵,在风中一齐摇曳着,很是美丽。宝贝,你快快长大,等到了秋天,爸爸妈妈带你欣赏美景,去公园捡落叶、做树叶画,感受秋天独特的魅力。

爸爸说

宝贝，夏天过后，秋天就悄悄来了，树叶一片片落下的情况略显孤寂，古时候很多文人都会触景生情，写出来的诗歌也会有丝丝愁绪。爸爸今天给你读的这首元曲描绘了一幅绝妙的深秋晚景图，简约与深细相依，景色与情思相容。爸爸非常喜欢，你也来感受一下这景中有情、情中有景、情景融合无痕的杰作吧。

天净沙·秋思
元·马致远

枯藤老树昏鸦，
小桥流水人家，
古道西风瘦马。
夕阳西下，
断肠人在天涯。

扫一扫听音频

国学赏析

黄昏了，回家的乌鸦落在了枯藤缠绕的老树枝上。小桥下流水潺潺，小桥边的人家炊烟袅袅。古道上，一匹瘦马驮着一个行人顶着西风艰难前行。太阳渐渐落山了，孤独的旅人漂泊在遥远的地方。宝贝，等你长大了，如果受挫了、难过了，欢迎随时回家，家是你永远的港湾。

胎教课堂

印象传递胎教法

这里为准妈妈介绍一种胎教法——印象传递法，即胎宝宝可以"看到"图像，这有利于培养胎宝宝的图像思维能力和思维联想能力。在胎宝宝醒着的时候，如晚上 7~9 点，准妈妈可以抽出 5~10 分钟的时间，每天看 1 张图片，连着看 5 天。做法是：准妈妈看着眼前美丽的画面，想象自己和胎宝宝身临其境，用清晰的语言、轻柔的语调描述看到的内容，并重复 3 遍。最后，准妈妈可以闭上眼睛，回忆画面的内容。

扫一扫听音频

贰 神话传说

瑰丽想象　扣人心弦

开天辟地

扫一扫听音频

妈妈说
宝贝,今天妈妈带你认识一位中国神话体系中最古老的神——盘古。原本世界是混沌一片的,后来盘古猛劈了一斧头才有了天和地,到底怎么回事呢?来听听吧。

很久很久以前,天和地还没有分开,到处一片混沌。有个叫盘古的巨人,在这片混沌中,一睡就睡了十万八千年。

有一天,盘古醒了。他见周围一片漆黑,就举起斧头,朝眼前的黑暗猛劈下去。只听一声巨响,天和地分开了。盘古怕它们还会合在一起,就用头顶着天,用脚蹬着地。天每天升高一丈(约3.33米),地每天下沉一丈,盘古也在随之长高。这样不知过了多少年,天和地成形了,盘古也终于累倒了。

盘古倒下后,他呼出的气,变成了风和云;他发出的声音,变成了雷鸣;他的双眼变成了太阳和月亮;他的四肢变成了东、西、南、北四极;他的皮肤变成了大地;他的血液变成了江河;他的汗毛变成了花草树木;他的汗水变成了雨露……

从此,有了世界。

国学赏析
宝贝,盘古是中国神话传说中开天辟地的祖先,也是大自然的化身,他用自己的生命孕育出生机勃勃的大千世界。盘古为开辟天地殚精竭虑,具有大无畏的献身精神,他的勇气和毅力值得我们学习。

女娲造人

扫一扫 听音频

| 妈妈说 | 宝贝,是不是盼着妈妈来给你讲故事呢?今天妈妈讲个女娲造人的故事。女娲能用土造人,用手一甩带有泥浆的藤条,地上的泥点就变成了人,围着她叫妈妈。很神奇吧?

盘古开天辟地后,地上并没有人类。不知什么时候,出现了一位女神,名叫女娲。一天,女娲走在天地间,感到有些孤独,觉得应该添点儿什么。添点儿什么呢?女娲想着,来到一个水池边,看到了水里自己的影子。她灵机一动,决定就造像自己一样的生物。

女娲从池边挖起一团黄泥,掺和了水,在手里又揉又捏,最后捏成了一个娃娃。她把这个小东西放到地上。说来奇怪,这个泥娃娃,刚一接触地面,就活了,还开口喊女娲"妈妈",女娲很高兴,给她心爱的孩子取名叫"人"。女娲造了一些人,有些累了,就想出一个好办法:她从崖壁上拉下一条枯藤,伸到泥潭里,将泥潭搅成了浑黄的泥浆,然后提起枯藤,向四周一挥,泥点就变成了许多小人儿,和泥捏的小人儿一样聪明美丽。

可是女娲又想:人是要死的,自己不能一直造人吧?后来,女娲想到了一个办法,她把小人儿分为男女,让他们自己去繁衍后代。这样,人类就世代延续了下来。

国学赏析

女娲被认为是人类的母亲,相传她除了用泥土仿照自己造人,还替人类立下了婚姻制度,让青年男女结婚,能够繁衍后代,因此也被称为主职婚姻和情爱的姻缘女神。宝贝,女娲是人类的母亲,作为孩子,我们应该学会感恩,感恩女娲的养育之恩。在生活中,我们更应该感恩自己的爸爸妈妈。妈妈希望你长大后能成为一个懂得感恩的人。

女娲补天

扫一扫听音频

| 妈妈说 | 宝贝，昨天我们讲了女娲怎样造人的故事，其实呀，女娲还做了很多好事，她还补过天呢！哈哈，天那么高那么远，她到底怎么补的呢？别着急，妈妈这就讲。

相传水神共工氏和火神祝融氏在不周山大战，共工氏因为大败而怒撞不周山，崩塌的不周山撞断了擎天的柱子，天就塌了，露出一个黑黝黝的大窟窿，地也被震出一道道沟壑，江河横溢，山石崩飞，森林燃烧，整个世界陷入一片混乱和恐慌之中。

女娲见到此情景，连忙乞求雨神降雨把大火熄灭，又造船去营救被洪水围困的人们。不久，山上的火被熄灭了，被洪水围困的人们也得救了，但是天上被撞出的窟窿还在冒着火。女娲决定，不管付出什么代价都要把天补上。

想要补好天上的大窟窿需要很多很多五彩石，女娲找啊找，上山下海忙了几天几夜终于找齐了红、黄、蓝、白、青五种颜色的石头。女娲赶紧用神火进行冶炼，又炼了五天五夜，五彩石全部化成了浓稠的液体，女娲把五彩石化成的液体泼向天上的大窟窿，霎时金光四射，天终于被补好了。

― 国学赏析 ―

宝贝,女娲补天是一篇经典的上古神话,当火神和水神打起来的时候,女娲看着自己创造的人类饱受煎熬,又痛苦又着急。人类,就是女娲的孩子,母爱的力量激发了女娲补天的信念,坚定了补天的行动。天被补好了,人类的生活也回归正常了。爸爸妈妈希望你长大后,也能像女娲一样,勇敢坚强,面对困难不退缩,用自己的方式去创造美好生活。

嫦娥奔月

扫一扫听音频

| 妈妈说 | 宝贝,妈妈小时候听了嫦娥奔月的故事,每次看到月亮都会想,嫦娥长什么样子啊,她什么时候下凡呢?缠得我的爸爸妈妈都没法回答。哈哈,今晚妈妈来给你讲讲这个故事吧。 |

相传远古时候,天上有十个太阳,烤得大地直冒烟,庄稼都枯死了,老百姓眼看就活不下去了。有个叫后羿的人,是个神射手,射下九个太阳,天下才恢复了正常。由此,后羿出了名,不少人来学艺。有个叫逄(páng)蒙的人,为人奸诈狡猾,也混了进来。不久,后羿娶了位美丽善良的妻子,名叫嫦娥,他们很恩爱。

一天,后羿巧遇王母娘娘,王母娘娘送给他一包不死药,说服下后不仅能长生不老,还能成仙升天。但后羿舍不得撇下嫦娥,于是将药交给嫦娥保管。没想到不死药的事被逄蒙知道了。三天后,后羿离开家带人去打猎,逄蒙逼迫嫦娥交出不死药。情急之下,嫦娥吞下了不死药,便向天上飞去。

当日正是八月十五,因不舍后羿,嫦娥便停在了离人间最近的月亮上,从此常居广寒宫。

后羿回到家,得知嫦娥再也回不来了,非常伤心。从此以后,每年的八月十五,后羿都会在院子里摆上香案以表达自己对嫦娥的思念之情。

国学赏析

嫦娥奔月是家喻户晓的神话故事。每到中秋节,人们都会设下香案,纪念嫦娥,祈求团圆。宝贝,在后羿摆的香案上有很多嫦娥爱吃的食物,其中有一种圆圆的饼,外皮金黄,就像天上的月亮,被称为"月饼",到现在也很受人们的喜爱。

胎教课堂

学汉字——"人"

教胎宝宝学汉字,就从简单的"人"字开始吧。做法是:准妈妈看着写有"人"字的卡片,清晰念出读音,然后用手在卡片上描摹,将"人"字的图像印在脑中,还可以想象"人"字像一个人在迈步。要学习其他简单的字,也可以用同样的步骤。注意一次只学一个字,一个字学 5 天,不要贪多,重在让胎宝宝感知过程。

精卫填海

妈妈说

宝贝,今天妈妈给你讲一个让人特别感动的故事,这个故事里的精卫鸟遇到了困难,可是一天也没有放弃过。妈妈希望以后宝贝遇到困难时,能像精卫鸟一样坚强。

太阳神炎帝有个小女儿,名叫女娃。有一天,女娃驾着小船,到东海去玩。可是海上起了风浪,女娃的小船翻了,女娃也被淹死了,回不了家了。

女娃不甘心就这样离开父亲,灵魂化成了一只小鸟,名叫精卫。精卫花脑袋、白嘴壳、红脚爪,大小有点像乌鸦,住在北方的发鸠山。她恨大海夺去了她的生命,就每天从西山叼来一粒小石子或一段小树枝,投到大海里,想要把大海填平。

大海嘲笑精卫:"小鸟儿,算了吧,一百万年,你也休想把我填平。"

精卫不理大海的打击,对大海说:"哪怕是一千万年、一万万年,我也要把你填平!"

就这样,一天又一天,一年又一年,精卫把西山上的石子和树枝衔来投进大海,又飞回西山去接着衔,从不休息……

国学赏析

宝贝,听了这个故事,是不是也很感动呢?大海是那么的宽阔,精卫鸟是那么的弱小,她却从来没有放弃过。希望宝贝将来生活能一帆风顺,但是万一遇到什么困难,要向精卫鸟学习哦!

牛郎织女

妈妈说

宝贝，今天妈妈想给你讲一个关于爱情的故事，爱情很美好，妈妈希望你将来能遇到真心喜欢的人，彼此爱慕，相伴一生。

相传，天上有位仙女擅长织布，叫织女。织女聪明美丽，心灵手巧，她织出来的布能变成美丽的云彩。

人间有个放牛的年轻人，叫牛郎。一天，牛郎正在放牛，老牛突然说话了："牛郎啊，天上美丽的织女要到碧莲池洗澡，你要是拿到她的衣裳，就能娶她做妻子了。"牛郎照老牛的话做了，果然，织女成了牛郎的妻子，两人很恩爱，还生了一儿一女。

不久，老牛死了，临死前要牛郎在它死后，将它的皮剥下放好，说有一天披上牛皮，就能飞上天去。牛郎虽然纳闷，但还是照做了。

王母娘娘知道织女留恋人间，很生气，就派天神去将织女押回天上。牛郎急忙找出牛皮披上，用箩筐挑着儿女追去。眼看就要追上的时候，王母娘娘用簪子划了条银河，从此牛郎、织女被隔在两边，只允许他们在每年七月七日的晚上相见。相传这天，成群的喜鹊会飞来搭桥，帮助他们相会。

扫一扫 听音频

胎教课堂

手工胎教

准妈妈日常可以学做一些手工,如折纸或给宝宝制作实用小物件。做手工时,准妈妈心里不自觉地会被爱包围,心情会变得平静祥和,这对宝宝性格的养成有好处。另外,做手工有益于准妈妈思维的锻炼、手眼的协调,提高对美的欣赏与鉴别能力,这些都是在为宝宝以后的智力和精细动作的发育打基础。当然,要注意控制时间,避免劳累过度。

国学赏析

宝贝,晴朗的夜晚,可以看到银河两边有两颗较大的星星,它们就是牛郎星和织女星。有时候,还能看到和牛郎星在一起的两颗小星星,它们就是坐在牛郎担子里的两个小宝贝哦。

仓颉造字

扫一扫听音频

| 爸爸说 | 小宝贝,你今天好乖啊!太阳公公下山了,小公鸡回家听鸡妈妈讲故事了,小兔子回家听兔妈妈讲故事了,我们也要听故事了!今天爸爸就讲一个聪明大叔造字的故事。

古代有一位首领,叫黄帝,他有一位史官,叫仓颉。他为黄帝管着很多事,如牛羊有多少,谷物有多少……在这以前,人们先是通过给绳子打结记事,后来通过在木头、竹子上刻符号来记事。因为仓颉管的事情很多,这些方法都不够用了。怎么办呢?仓颉犯了难。

一天,仓颉和人们一起去打猎,走到一个三岔路口,几位老人争起来。一位老人要往东,说东边有羚羊;一位老人要往北,说北边有鹿群;一位老人要往西,说西边有两只老虎。仓颉很纳闷,他们是怎么知道的呢?一问才知,他们是通过看地上动物的脚印来判断的。仓颉很受启发:区分动物可以用不同的脚印,那么其他的事物也可以……他知道怎么记事啦!

回到家,仓颉描画日月星辰、山川草木、鸟兽虫鱼等形状,造出了各种符号。他把符号拿给大家看,经过简单解释,大家都能明白。渐渐地,这些符号的用法被推广开了,文字的雏形出现了。

国学赏析

宝贝,仓颉是不是很聪明啊,他能造字是因为他善于观察和思考哦!一个一个方块字,就像一幅幅跳跃的画,很美很有趣。我们要热爱我们的文字,写好中国字,做好中国人哦。

夸父逐日

扫一扫听音频

| 爸爸说 | 亲爱的宝贝,爸爸希望你从小就要有勇气,敢做敢当,今天爸爸给你介绍一个追太阳的人,我们一起来看看他是不是很有勇气呢? |

远古时期,在北方荒野的山林中生活着一个巨人部族,他们首领夸父是大地之神后土的孙子,这个部族叫夸父族,生来便展现出非凡的能力与气魄。

有一年,天气异常炎热,火辣辣的太阳挂在天上,河流干涸、草木枯萎,很多庄稼都被烧死了,甚至有的族人因熬不过酷热而死去,人们生活苦不堪言。夸父非常难过,看着天上毒辣的太阳对族人说:"我要捉住它,让它听我们的指挥。"族人纷纷劝阻说,"首领不要去啊,太阳那么远,你会累垮的!""不要去啊,你会被太阳烤死的。"但是,夸父心意已决,为了族人以后不再受苦,踏上了追日的路途。

他跑哇,追呀,一直追到太阳下山。眼看就要抱住太阳了,可太阳像个大火球,呼啦啦喷着火,烤得夸父嗓子直冒烟。夸父跑到黄河边,"咕咚咕咚"没几口,黄河里的水被他喝光了。夸父还是口渴,他又跑到渭河边,"咕咚咕咚"没几口,又把渭河的水喝光了。

夸父喝了这么多水,还是渴得难受,又去找水喝。他越跑越慢,渐渐地停了下来,"轰隆"一声,倒在地上。夸父渴死了。他的身躯变成了一座大山,他的手杖掉在地上,长成了一片桃林。这片桃林终年茂盛,为往来过客遮阴,结出的桃子为人们解渴。人们都说,这些桃树,是夸父留下的,帮人们消除疲劳,可以精力充沛地踏上旅程。

— 国学赏析 —

夸父逐日可以算是一场有胆略的探险旅程，也是一种英雄气概的表现，反映了人类探索自然、征服自然的愿望和意志，以及不服输的奋斗精神。宝贝，我们要向夸父学习，做一个有胆量、不服输的人。

钻木取火

扫一扫听音频

| 爸爸说 | 宝贝,你知道吗?在很久很久以前,是没有火的。冬天很冷,晚上漆黑一片。那么人们是怎么发现火,如何保留火的呢?今天爸爸就为你讲钻木取火的故事。

远古时候,还没有火,到了冬季,人们不仅夜里要生活在黑暗中,更是异常寒冷。

一天,雷雨交加,雷电劈在树上,树着火了,并且燃起了熊熊大火,人们吓得逃开了。

这时,聪明的燧人氏却发现,火的周围,野兽的吼叫声没有了,他想:难道野兽怕这个发亮的东西?于是,他走到火边,顿时觉得身上暖和了许多。他高兴地招呼大家,火一点儿都不可怕。接着,人们又闻到,不远处烧死的野兽发出了阵阵香味。人们聚到火边,吃着烤过的肉,觉得很美味。

人们认识到火的可贵,于是拣来树枝,轮流守着火种,不让它熄灭。可是有一天,看火种的人不小心睡着了,火灭了。这下,人们又回到了又黑又冷的日子,燧人氏决定去寻找火种。

可他走了很多地方,都没找到火种。一天,他坐在一棵叫"燧木"的大树下休息,发现有鸟在啄树,只要鸟儿一啄,树上就闪出火花。燧人氏灵光一闪,立刻折了一些燧木的树枝,用小树枝去钻大树枝,树枝上果然闪出火光,就这样钻了很久很久,树枝竟然点着了!从此,人类学会了人工取火,大家都很感激燧人氏。

胎教课堂

胎宝宝能感知温度

子宫内的羊水会保持一定的温度,因此,外界温度的变化不会直接影响到胎宝宝。但是,胎宝宝能够从准妈妈的冷暖感受来感知外部的温度,如果温度令准妈妈不舒服,也会影响到胎宝宝。因此,为了胎宝宝,准妈妈应避免长时间处于过冷或过热的环境中,衣着厚薄也要适当。

扫一扫 听音频

国学赏析

燧人氏发明了钻木取火,但他并没有满足,他慢慢发现,不同季节要选不同的木头——春天用柳树,夏天用枣树、杏树,秋天用柞(zuò)树,这样生火才快。由于人工取火的发明,人们的生活过得更好了,对他也更尊敬了。宝贝,光明和美好的事物,要靠我们努力追寻才能得到哦!

大禹治水

扫一扫听音频

| 爸爸说 | 乖宝贝,我们生活中的吃穿住行都离不开水。但是,当水不受控制肆意泛滥的时候,也会威胁到人们的生命财产。今天,爸爸就给你讲一个治理水患的故事。

很久很久以前,大洪水淹没了农田,冲倒了房屋,害得老百姓无家可归。

大禹决定治理洪水,他带领百姓日夜不停地凿山开渠,常常忙得顾不上吃饭和睡觉。一年又一年,他每天到处奔波,一心治水。

有一天,大禹经过家门口,他的妻子刚生下孩子。大禹听到孩子哇哇的啼哭声,但为了不耽误治水,没有进家门,就匆匆走了。几年后,大禹又经过家门口,妻子抱着儿子站在门口,儿子挥着小手叫爸爸。大禹望了望他们母子,并未多停留,就又抓紧时间赶路了。又过了几年,大禹第三次经过家门口,儿子已经十多岁了。大禹让儿子告诉妈妈,等治好洪水后一定回家,说完又马不停蹄地向前奔去。

经过13年的努力,洪水终于被制服了,人们过上了安定的生活。大家非常感激这位治水英雄,从此,大禹的名字代代相传。

国学赏析

大禹治水,三过家门而不入,这不是一般人能做到的。正是凭借这份干劲和韧劲,他才能带领大家治好洪水。宝贝,爸爸希望你遇到困难能多想办法,并坚持下去,就像大禹一样,有智慧、有韧劲。

哪吒闹海

扫一扫听音频

| 爸爸说 | 宝贝，爸爸常想，你是一个文静的宝贝呢？还是一个调皮的宝贝？但是，无论怎样，爸爸都爱你。又要讲故事了，嗯，就讲古灵精怪的小哪吒吧。

很久很久以前，在陈塘关，有一位总兵叫李靖，他的夫人生了一个肉球。李靖怀疑是妖怪，就拿剑朝肉球一劈，肉球裂开，从里面跳出个男娃娃来，可招人喜欢了，他就是哪吒。太乙真人收哪吒为徒，哪吒学会了使用乾坤圈、风火轮、混天绫等法宝，本领高强。

有一天，天气很热，哪吒来到东海洗澡，拿着混天绫在水里一晃，就掀起了大浪，把东海龙王的水晶宫震得东摇西晃。

龙王先派了一个夜叉，后派了他的儿子三太子带上虾兵蟹将，来打哪吒。他们不听哪吒解释，上来就打。哪吒让了他们好几个回合，可他们还是不放过哪吒。结果哪吒一出手，没两下，三太子就被打死了。

龙王得知儿子被杀，悲痛欲绝，联合其他龙王要水淹陈塘关，逼迫李靖交出哪吒。为了全城百姓不受牵连，哪吒主动献出了生命，后来在师父的帮助下，他变成了莲花化身的哪吒。之后哪吒大闹东海，砸了龙宫，打败了龙王。

国学赏析

宝贝,哪吒是一个非常勇敢、有担当的孩子,他遇事后"一人做事一人当",不推责。宝贝,将来要做有责任心的人,这对你一生都很重要。

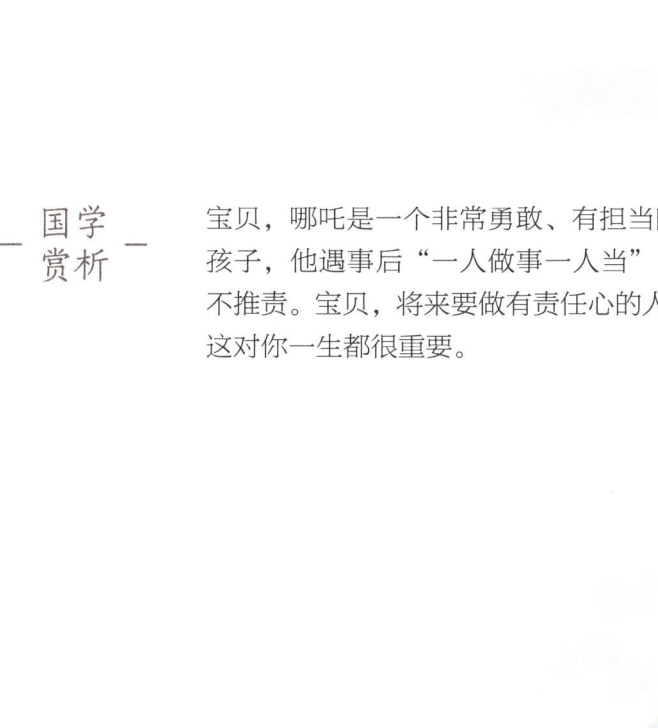

八仙过海

扫一扫听音频

爸爸说

宝贝啊,中国有很多关于神仙的故事,他们本领高强,为民除害,人们很喜欢他们。今天爸爸给你讲八个神仙不用船、不驾云就能过海的故事,看看他们是如何各显神通的吧。

传说,古时候道家有八位仙人,他们是铁拐李、汉钟离、吕洞宾、蓝采和、张果老、何仙姑、韩湘子、曹国舅。他们各有各的法术、各有各的神通。有一次,八仙去参加王母娘娘的蟠桃会。本来腾云驾雾,一眨眼就能到。可路过东海上空时,他们见海上白浪滔天,很壮观,就停了下来。

吕洞宾出主意:"今天如果乘云从东海上空通过,显不出咱们仙家的本事。不如将各自的一件宝物投入海里,让宝物载我们过海。"大家一听觉得很有意思,便各自使出本领。铁拐李将铁拐杖扔到大海里,拐杖瞬间变成了一艘小船,他潇洒地跳到船上;汉钟离将手中的芭蕉扇扔到大海里,扇子变得大如蒲席,他睡眼惺忪地跳到扇子上;随后众仙谁也不甘落后,纷纷拿出自己的法宝,开始过海。

八仙遨游在万顷碧波之上,海面上突然巨浪翻天,刮起一阵怪风,怪风过后,韩湘子不见了。原来是海里修行的千年鱼精将韩湘子抓走了。大家知道这鱼精本领了得,于是各显神通,一起和鱼精斗智斗勇,终于把韩湘子救了出来。

国学赏析

这八位仙人每个人都有自己独特的法器——张果老有纸叠驴,铁拐李有铁拐杖和葫芦,汉钟离有芭蕉扇,吕洞宾有长剑,韩湘子有横笛,蓝采和有花篮,何仙姑有荷花,曹国舅有玉版,各有妙用。这个故事告诉我们,每个人都应该有自己的特长和能力,宝贝长大了要多学本领,靠自己的本事做成自己想做的事情。

叁 成语故事

历史的积淀
语言的精华

鱼跃龙门

妈妈说

宝贝,你今天在妈妈肚子里游啊游,像极了一条小鱼儿。妈妈觉得你又长大了,在妈妈肚子里游好久都不累,真是一条爱运动的小鱼。歇会儿吧,妈妈给你讲个鱼的故事。

扫一扫听音频

居住在黄河里的鲤鱼们听说龙门(指黄河从壶口咆哮而下的晋陕大峡谷的最窄处)风光很好,都想去游玩。它们游啊游,终于来到了龙门。可是龙门处水险不通,鲤鱼们上不去,只好聚在龙门前。

这时,一条大红鲤鱼说:"我有个主意,咱们跳过龙门怎么样?""那么高,怎么跳啊?""跳不好会摔死的!"鲤鱼们很担心。

大红鲤鱼很勇敢,说:"我先跳,试一试。"它从半里外就攒足了劲儿,一下子跳到半空中的云里,一团天火从身后追来,烧掉了它的尾巴。它忍着疼痛,继续朝前飞跃,终于越过龙门,落到了山南的湖水中,变成了一条巨龙。

山北的鲤鱼们很害怕,不敢再去冒险。这时,从天上飞下一条巨龙,说:"不要怕,我就是大红鲤鱼,我跳过了龙门,就变成了龙,你们要勇敢呀!"鲤鱼们听了,开始一个一个挨着跳龙门。可是除了个别的鲤鱼跳过去变成龙之外,大多数都过不去。凡是跳不过去,从空中摔下来的,额头上就落下一个黑疤。直到今天,这个黑疤还长在黄河鲤鱼的额头上呢。

国学赏析

宝贝,这条大红鲤鱼又聪明又勇敢,跳过了龙门,就变成了巨龙。后来,大家用"鱼跃龙门"来比喻事业成功或地位高升。宝贝,将来你也要鱼跃龙门,好不好?

三顾茅庐

扫一扫听音频

妈妈说

宝贝，国学文化博大精深，即使是一句话或四字成语都蕴含深意，今天妈妈给你讲一个"三顾茅庐"的成语故事，宝贝和妈妈一起感受一下吧。

三国的时候，曹操兵强马壮，刘备的实力很薄弱，而且他身边只有两个能征善战的好兄弟——关羽和张飞，缺少有智谋的人帮助他。听说诸葛亮是个难得的人才，刘备就决心请他来帮助自己。

那时，诸葛亮隐居在南阳郡邓县隆中（今湖北襄阳，一说今河南南阳）的一间茅草屋里，过着悠闲的生活。为了能得到诸葛亮的帮助，刘备带着丰厚的礼物，在关羽和张飞的陪同下，一起去请诸葛亮。

到了诸葛亮家门口，刘备亲自敲门，出来一个小书童问他是谁，刘备报上名说："汉左将军宜城亭侯领豫州牧皇叔刘备，特来拜见先生。"书童说："你的名字这么长我记不住啊。"刘备说："那你只说刘备来访。""但是先生早上出去了。"书童说。刘备问："先生去哪了，什么时候回来呢？""不知道先生去哪里了，也许三五天就回来了，也可能十几天。"书童回答他。刘备一听有些失落，此时关羽说："我们暂时先回去，等先生回来再拜访。"

又过了几天，刘备三人冒着大雪又来拜见诸葛亮，这次遇到一位青年在读书，刘备大喜过望，心想总算见到了，急忙上前拜见，但是青年说："哥哥外出访友，您只能下次再来了。"刘备非常失望，只好留下一封信，说渴望得到诸葛亮的帮助，平定天下。

转眼过了新年，刘备准备好礼物带着关羽、张飞第三次来到隆中拜见诸葛亮。这次，诸葛亮在家，但正在睡觉，刘备没有让书童叫醒先生，而是默默等了很长时间，直到诸葛亮睡醒，他们才终于相见。二人相谈甚欢，诸葛亮愿意跟随刘备，助他平定天下。从此，刘备"三顾茅庐"拜见诸葛亮的故事成为美谈，广为流传。

国学赏析

这个故事中，刘备为了得到诸葛亮的帮助，三次去请诸葛亮，说明刘备既谦逊又有礼貌。宝贝，等你长大了，也会有很多事需要别人的帮助。妈妈希望宝贝在需要别人帮助时，要真诚、谦虚。同样，有能力帮助别人时，要乐于助人。

一鸣惊人

扫一扫听音频

妈妈说

宝贝，妈妈每天最快乐的事就是给宝贝讲故事，希望你能感受到妈妈的期望，妈妈相信宝贝长大后，也会给妈妈很多惊喜，对不对？

春秋时期，楚庄王在位的前三年，他一直白天打猎，晚上喝酒，从不将国家大事放在心上。他知道大臣们对他不满意，就下了一道命令："谁要是敢劝谏，就判他死罪！"

有个名叫伍举的大臣对楚庄王说："我有个谜请大王猜猜。"楚庄王一听，很有兴趣，说："你说吧。"伍举说："楚国有一只大鸟，身披五彩羽毛，在树上一停就是三年，不飞也不叫，这是什么鸟呢？"

楚庄王一听，就明白伍举这是在劝自己，便对他说："这不是普通的鸟，这种鸟不飞则已，一飞就会冲天，不鸣则已，一鸣就会惊人。你去吧，我已经明白了。"

从此以后，楚庄王振作了起来，认真治理国家，楚国渐渐强大起来。后来，楚庄王做大王做得很成功，成了春秋时期的霸主之一。

国学赏析

一鸣惊人的意思是说平时表现不突出,突然做出了惊人的成绩。宝贝,你长大了要朝着自己感兴趣的方向认真学习、不断练习,才能在某一天发挥出惊人的能量哦。

熟能生巧

扫一扫听音频

114

妈妈说

宝贝,今天妈妈去公园散步,看到一位老大爷在打花样乒乓球,一个人能同时打好几个球。老大爷说,他已打了 30 年的乒乓球,非常熟练了。嗯,不错,熟能生巧!今天妈妈就讲这个故事吧。

宋代有个叫陈尧咨的人,射箭技术非常高超,大家对他很敬佩。陈尧咨受到称赞之后,觉得自己的本领天下无双,渐渐骄傲起来。

一天,他又在给大家表演射箭,一箭射出,把又细又软的柳枝射断了,得到看客们的大声喝彩。

这时有个卖油的老翁正从那里经过,看了后,却笑着说:"这有什么了不起,只不过手法熟练些罢了!"说着,老翁拿来一个葫芦,在葫芦口盖了一枚铜钱,用勺子舀了一勺油,高高地举起,再倒了下去。倒下去的油像一条线一样,穿过钱孔,全部流进了葫芦,而铜钱上一点儿油也没沾上。大家看了都赞叹不已。老翁微笑着对陈尧咨说:"我这也没有什么了不起,只是熟能生巧罢了。干任何事都一样,熟能生巧。"陈尧咨听后,笑着尴尬地将老翁打发走了。

国学赏析

这个故事告诉我们,做一件事熟练了,就会掌握窍门,就能做得更好。生活中熟能生巧的例子还有很多:只要功夫深,铁杵磨成针;读书破万卷,下笔如有神。宝贝,妈妈希望你以后,无论学习什么新知识,都能坚持不懈,直到熟练掌握。

一诺千金

扫一扫听音频

妈妈说

宝贝，妈妈今天想给你讲一个叫季布这个人的故事，因为他有"得黄金百，不如得季布一诺"的美名，所以在他陷于危难时大家才会帮助他。妈妈也希望宝贝以后成为一个信守承诺的人。

从前，楚国流传着一句话"得黄金百，不如得季布一诺"，意思是说"得到黄金百两，都比不上得到季布的一句承诺"。季布就是楚地的人，曾经是项羽的手下，还多次打败过刘邦。后来刘邦当了皇帝，就下令捉拿季布，说："抓到季布的人，奖励黄金千两；窝藏季布的人，要论罪灭三族。"

大家都听过季布"得黄金百，不如得季布一诺"的美赞，知道刘邦要抓他，但是都在暗中帮助他。后来季布躲到濮阳一个姓周的人家，周家人对季布说："现在朝廷悬赏追查你就快查到我家来了，您得听我的安排，如果不听我宁愿自杀。"季布同意了，然后周家人剃掉了季布的头发，给他换上粗布衣服，还用铁箍束住脖子，连同十几个奴仆一起卖给鲁地的朱家。

朱家明知道是季布，还是买了下来，将他安置在田里耕种，还告诫自己的儿子说："耕作时要听这个人的吩咐，跟他吃一样的饭。"还找人向刘邦说情，后来刘邦免了季布的罪，还让他当了官。

扫一扫听音频

胎教课堂

行为胎教

行为胎教是通过准妈妈的行为传递给胎宝宝的胎教方法。关于这一点,古人早有认识,要求准妈妈要清心养性,恪守礼仪,品行端正,给胎宝宝以良好的影响。如果胎宝宝在准妈妈体内接受了种种不良的习惯,出生后则可能难以改掉。为了宝宝,准妈妈在生活习惯上一定要有规律,在品格上要守诚信、有礼貌哦。

国学赏析

宝贝,你从季布身上学到了什么呢?季布是个守承诺的人,所以当他遇到困难时,大家才会帮助他。宝贝,你在以后的生活中,答应别人的事情一定要想办法做到哦。

白马非马

扫一扫听音频

妈妈说

宝贝，妈妈今天给你讲一个经典的关于逻辑问题的故事，虽然这个故事对你来说有点难，但是妈妈还是想跟你分享国学的博大精深，总有一天你能领会其中有趣又充满辩证的智慧。

战国的时候，赵国有个人叫公孙龙。一天，公孙龙骑着一匹白马来到函谷关。关吏一看是从赵国来的，急忙把公孙龙拦下，说："你们国家的马在闹瘟疫，你人可以入关，但马不能。"

公孙龙理直气壮地说："白马非马，怎么不可以过关？"关吏一听，和他争论起来："白马就是马，头一次听人说白马非马！"公孙龙说："我公孙龙是龙吗？"关吏一愣，硬着头皮说："你的马就是不能入关！"

公孙龙可是有名的辩论天才，立马想到了一个主意。他说："那这样吧，我来问，你来答。"

接下来，公孙龙边踱着悠闲的步子边问："比如说你要马，给你黄马、黑马，你说可不可以吧？"关吏立马说："这当然可以！"

公孙龙接着又说:"比如说你要白马,给你黄马、黑马,你说可不可以吧?"关吏说:"这当然不行!"

公孙龙哈哈一笑说:"你看,连你自己都承认'白马'和'马'不是一回事!所以说白马非马!哈哈。"说完,公孙龙理直气壮地牵着他的白马进入关内,关吏眼睁睁看着却没办法阻拦。

国学赏析

宝贝,故事中的公孙策认为,"马"是对"形"的规定;而"白马"则是对"色"的规定,二者自然是不同的,对不同的概念加以不同规定的结果,白马和马也是不同的,所以就以"白马非马"的理由入关啦。

指鹿为马

扫一扫 听音频

| 妈妈说 |

宝贝,你知道小鹿长什么样子,小马长什么样子吗?鹿和马长得很不一样,但有个人指着鹿说是马,这是怎么回事呢,妈妈这就给你讲讲。

秦始皇死后,他的儿子胡亥当了皇帝,称秦二世。可是,权臣赵高想篡夺秦朝政权,他想试一试大臣中有谁不服,就想了一个主意。这天上朝的时候,赵高牵着一只梅花鹿来,对秦二世说:"皇上,这是我专门献给皇上的一匹马。"秦二世很纳闷,这明明就是一只鹿啊。赵高面不改色地说:"皇上,这就是一匹马,不信,你让文武百官来说说。"

一些人低下头不说话,因为说假话,对不起自己的良心,说真话,又怕日后被赵高陷害。一些正直的人,坚持认为是鹿。还有一些故意迎合赵高的人,大言不惭地告诉皇上那是马。之后赵高常借机暗中陷害那些说真话的人,后来大臣们都非常畏惧赵高。

— 国学赏析 —

指鹿为马的故事流传至今,人们用它来形容一个人是非不分,颠倒黑白。宝贝,妈妈希望你以后在遇到别人询问的时候,心里怎么想的,就怎么说,绝对不要学赵高,因为他说假话玩弄别人,是不对的。

毛遂自荐

爸爸说

嗨！乖宝贝，虽然谦虚是一种很好的品质，但是爸爸妈妈还是希望你学会展示自己的优点，为自己想做的事情主动去争取机会。今天爸爸就讲个毛遂自荐的故事，故事里的主人公是宝贝的好榜样哦。

战国时，秦国攻打赵国，赵王让平原君去向楚国求救。

于是，平原君把谋士们找来，想挑选二十个文武全才的人一起去。他挑了又挑，选了又选，最后还缺一个人。这时，一个叫毛遂的人走到平原君面前，自我推荐说："听说您要带二十个人去楚国，可是还少一个人，您不如现在带上我凑足人数出发吧。"

平原君问："先生在我门下几年了？"毛遂回答："三年。"

平原君说："有贤能的人在世上就像放在兜里的锥子，它的尖马上就能显露出来。而先生在我门下已经三年，都没听到周围人对先生的夸赞，这是因为先生没有才能的缘故啊。所以不能让先生一同前往楚国。"

毛遂说："我只是今天才请求进到平原君的兜中而已，如果之前就在平原君兜中，早就像锥子那样浑身都现出了锋芒，而不只是露个尖出来。"平原君听了毛遂一番话，最终带他一起前往了楚国。

在楚国的朝堂上,毛遂成功说服楚王绝秦联赵,合纵抗秦,赢得了"三寸不烂之舌,胜于百万之师"的美誉。

国学赏析

"毛遂自荐"就是不经别人介绍,自己推荐自己。宝贝,爸爸希望你将来遇事也能勇敢地自我推荐,这样才能争取到机会。慢慢地,宝贝会做的事情会越来越多,也会变得越来越自信。

扫一扫听音频

愚公移山

| 爸爸说 |

宝贝,爸爸很喜欢大山,总想住得离大山近一些。不过,大山要是近到堵住家门口,也会有麻烦。"嘿呦,嘿呦……"听,有人喊着号子在"移山"呢。

从前,有位年近90岁的老人,人们叫他愚公。愚公的家门前有两座大山,进出家门很不方便。

一天,愚公又像平常一样,大清早顶着星星出门去北边赶集,走了很远的路才绕过大山,到了集上已经快中午了。等买完东西,再绕过山回到家,家里的公鸡都已经睡醒一觉了。

第二天，愚公找来几个儿子说："这两座山让咱们家赶集、种地都不方便，咱们一起把山移走吧。"愚公的妻子一听，赶紧摸摸愚公的脑袋："也不烧啊！老头子，你是昨天赶集累糊涂了吧。"愚公说："我就是要把山搬走，我清醒着呢！"虽然妻子反对，但是愚公的儿子们同意愚公的想法。愚公的妻子接着问："就算你们能搬山，但是挖下来的土石泥块也没地放啊。"愚公说："这我早想好了，运到渤海湾去。"

说干就干，愚公带着全家开始动手搬山。子孙中能挑担子的3个人上了山，凿石掘土，用畚箕（běn jī）装了土石运到渤海的边上。邻居有个七八岁的小孩也蹦蹦跳跳地来帮忙。冬夏换季，他们才往返一次。

河曲智叟知道这件事后，劝愚公："老兄，你太不聪明了！你都这么大岁数了，能搬走多少泥土、石头呢？还是歇着吧。"愚公边凿山边说："你呀，就是太聪明了，还思想顽固。就算我死了，我还有儿子在；儿子又生孙子，孙子又生儿子；儿子又有儿子，儿子又有孙子；子子孙孙没有穷尽。但山又不长高，还用担心挖不平吗？"智叟听了，一句话也说不出来了。

山神听到"哐当、哐当"的声音，知道有人在凿山，忙向玉帝报告了这件事。玉帝被愚公的诚心打动，命令大力神的两个儿子背走了两座山。从此，愚公一家出门，再也不用绕山走了。

国学赏析

宝贝，故事里的愚公和智叟二人，你更喜欢谁呢？再想一想，愚公真的笨吗？智叟真的智慧吗？其实，愚公比智叟看得远、更有决心，愚公一点儿都不笨。宝贝将来长大了，认准正确的事情，再困难也要做下去啊！

点石成金

扫一扫听音频

爸爸说

宝贝，你好呀！今天爸爸休息，在家陪妈妈和宝贝。宝贝是不是很高兴呀？今天爸爸就给宝贝讲一个很神奇的人，他能把石头变成金子哦！

古时候，有个县令叫许逊。许逊在当县令前，是一个道士，精通法术。他经常用自己的法术，为百姓们做好事，百姓们都叫他"许真君"。

一年，县里发生了严重的天灾，家家户户收成都不好，很多百姓不得不四处逃荒要饭。但是，百姓们要交给朝廷的税收一点儿都没减少，而交不上税是要治罪的。眼看着离交税的日子越来越近了，大家都很着急。

县令许逊看到了，就想：我要帮帮大家，要不然这大荒的年景，百姓们是真没法活了。

于是，许逊找来一些百姓，让大家往县衙门前的空场上运石头，说要帮大家交税。百姓们都不知道县令葫芦里卖的什么药，议论纷纷。

"咦？县太爷让咱们运石头，说能交税，这恐怕是开玩笑吧？""哈哈哈，要是石头能抵税，那真是太阳从西边出来啦……"

听了这些议论，许逊只是笑笑，并不说什么。

见石头运得差不多了,许逊用手指朝石头上一点。哎哟,神奇神奇真神奇,石头竟变成了金灿灿的金子!

百姓们这才明白过来,都称赞不已。这下好了,有了这些金子,百姓们不仅交了税收,还用剩余的金子度过了荒年,许逊更受人们爱戴了。

国学赏析

宝贝,当你遇到困难产生畏难情绪时,不要害怕,努力找出解决问题的方法,将手中的"石头"变成宝贵的"金子",勇敢向前。

胸有成竹

爸爸说 今天爸爸给你讲个画画的故事，小宝贝，竖起小耳朵，听好了哟。

扫一扫听音频

宋朝的时候，有位画家叫文同。他很喜欢竹子，他家的房前屋后都种满了各种各样的竹子。他也很喜欢画竹子。为了画好竹子，一年四季不管是晴天还是雨天，他都会钻进竹林里，观察竹子。有了新的感受就回到书房，把竹子画下来。

这样日子久了，竹子的各种形象都印在了他的心里。后来，每次画竹子，他都用不着画草稿，画出的竹子就很传神。

当人们夸奖他时，他总是谦虚地说："我只是把心中的竹子画下来罢了。"有个叫晁补之①的人，称赞文同："文同画竹，早已胸有成竹了。"胸有成竹的典故便由此而来。

国学赏析 这个故事说的是人们在做事以前，已经有把握了，就看起来很轻松。宝贝，画竹子的人不管什么天气，都在竹林里观察竹子，才能在心中画好竹子。宝贝的人生中，也会有很多事要做，爸爸希望你能像这位画家一样，在做任何事情之前，都事先做好准备，有明确的规划，做到胸有成竹，这样才能获得好的结果。

注①：晁补之，北宋时期著名文学家。与黄庭坚、秦观、张耒并称"苏门四学士"。

百发百中

| 爸爸说 |

宝贝,今天爸爸收拾东西,找到了我小时候常玩的小弹弓,那时候爸爸可神气了,是同龄小伙伴中打得最准的,简直百发百中!关于百发百中,还有个故事呢,想听听吗?

扫一扫听音频

春秋时期的楚国,有一位有名的将领叫养由基,他骑马射箭非常厉害,让很多人为之叹服。还有一位叫潘党的人,也非常擅长射箭,每箭都能射中靶心。

但是,养由基说:"这也不算是真正的厉害。如果能在百步之外射中柳树叶子,那才是真的厉害呢。"

潘党一听,很不服气。马上向养由基发起挑战,要比试一番,看看到底谁才是射箭最厉害的那个人。

于是，二人选定了一棵柳树，又从柳树上选定了三片叶子，还在叶子上用笔画出了靶心。然后二人都退到了百步之外，开始射箭，结果养由基连射三箭，每一箭都正中柳叶上的靶心，这回潘党心服口服了，不禁赞叹道："真是百发百中啊！"后人也将此事形容为"百步穿杨"。

国学赏析

"百发百中"意思是射箭一百次，中一百次，形容水平高明；也比喻对事情的发展有充分把握。宝贝，百发百中、百步穿杨的本领是不是很让人羡慕啊，这要通过不怕吃苦、长期练习才能做到！

胎教课堂

绘画胎教

绘画胎教能培养胎宝宝良好的美感。准妈妈在画画时，要想着是和胎宝宝一起在画，边画边把画的内容说给胎宝宝听。不一定要画得很好，重要的是画画时的联想和动笔的过程。建议准妈妈在孕6~7月开始做绘画胎教，因为这时胎宝宝比较能接受更细密的信息刺激了。

扫一扫 听音频

画龙点睛

— 爸爸说 —

宝贝,你知道吗?龙是中华民族的象征。中华大地上到处都能看见龙的身影,如划龙舟、舞龙灯等。关于龙,有好多故事,今天就讲个画龙的故事吧。

扫一扫听音频

　　古时候,有个画家叫张僧繇(yáo)。他画的画好极了,他笔下的人好像能开口说话,鸟好像能展翅飞翔,连皇帝都很喜欢他的画。

　　有一年,皇帝请张僧繇为新建的寺庙安乐寺画画,张僧繇画了三天,终于画好了。人们急着来看他的画,只见四面的墙壁上画的是四条龙,周围是一片又一片的五彩祥云,龙好像在云中穿梭,活灵活现。突然,一个人指着画说:"大家快看,这龙怎么没有眼睛呀?"大家疑惑地看着张僧繇,张僧繇笑笑说:"我是故意不画眼睛的,要是画上了眼睛,龙就该飞走喽。"人们以为画家在说笑话,有的还说张僧繇在吹牛。张僧繇没办法,就拿起笔,给其中的两条龙画上了眼睛。

　　忽然间,雷声隆隆,电光闪闪,两条画了眼睛的龙在画上的云彩里动了起来,最后,"嗖"的一声,真的飞走了。墙上,只剩下那两条没点眼睛的龙。后来,大家再也不让张僧繇给龙画眼睛了。

国学赏析

　　宝贝,你看,故事中的"点睛"是让龙活起来的关键因素,我们在做事情的时候找到一个关键步骤或关键点,就能让事情很不一样。比如宝贝如果在搭积木时,找到一块合适的积木作为基础或支撑点,就像给积木"点睛"一样,能让整个建筑更稳固、更漂亮。

望梅止渴

爸爸说

宝贝,晚上好呀!你是不是又长大啦!今天爸爸给你讲个吃梅子的故事,很有趣哦。

  曹操是三国时期的一个大人物,有一年夏天,他带着士兵们去打仗,天气热得出奇,大地被烤得滚烫滚烫的。大军经过一片荒山野岭,因为找不到水,大家口干舌燥,有气无力,走得越来越慢,几个体弱的士兵还晕倒了。

  曹操心中万分着急,怎么办呢?忽然,他灵机一动,骑马跑到队伍前面的一块高地上,挥起鞭子向前一指,对士兵们高声喊道:"前面有一大片梅林,树上结满了梅子,可以解渴,大家快去吃吧!"

  士兵们一听到"梅子",马上想起梅子又酸又甜的味道,口水都要流出来了,顿时觉得不那么渴了,个个打起精神往前走。曹操用这个办法,让士兵们坚持到了前方有水的地方。

国学赏析

望梅止渴原意是梅子酸,人们想到吃梅子时就会流口水,于是就感到不怎么渴了,后来用来比喻用空想安慰自己。宝贝,曹操是不是真的看到梅林了呢?其实,他没有看到梅林,不过这个办法很管用,让士兵们坚持走到了有水的地方。宝贝遇到困难时,也要学着动脑筋想办法呦。

闻鸡起舞

爸爸说

宝贝,每一个获得成功的人都是通过不断努力得来的,今天爸爸给你讲一个满怀抱负的青年是如何努力磨炼自己的故事,希望将来我的宝贝也能通过自己的努力获得一番成就。

扫一扫听音频

古时候,有个名叫祖逖(tì)的青年,他从小就有远大志向。因为生活的年代正是天下大乱的时候,所以他一直想要建功立业,报效国家。

那时候,祖逖和好朋友刘琨(kūn)住在一起,他俩同睡一张床,同盖一床被,经常一起谈论国家大事到深夜。

一天夜里,祖逖翻来覆去睡不着。到了后半夜,他听到公鸡打鸣的声音忽然心中一动,决心练就一身武艺,报效国家。于是,他推醒刘琨,"刘琨,咱们将来是要成大事的人,以后鸡一叫,咱们就起来练武怎么样?"

刘琨和祖逖一样,也很有抱负,揉着没睡醒的眼睛说:"行,以后每天鸡一叫咱们就起床!"

两个人起床来到院中,祖逖手握长剑,刘琨手拿大刀,迎着蒙蒙亮的天空,"唰、唰、唰",认真地练起来。从此以后,不管天气怎样,一听到鸡叫,他们就起床练武,春去秋来,没有一天间断过。

由于勤学苦练,他俩的武艺都变得很高强。后来,祖逖和刘琨都当上了大将军,打了不少胜仗,得到了百姓们的称赞。

国学赏析

闻鸡起舞,原意为听到鸡叫就起来舞剑,后来比喻一个人胸怀大志,奋起行动,有毅力、有耐心。宝贝,立志是容易的,但是坚持下来是很难的,宝贝做事要学祖逖,不能只有3分钟热度哦。

扫一扫 听音频

胎教课堂

光照胎教

7个月后,胎宝宝开始能分辨光线的强弱,9个月大时感光能力进一步增强。光照胎教能扩大宝宝的视觉范围,有助于形成白天醒、晚上睡的规律,还能促进宝宝神经反射的发展。这阶段可以这样做:在胎宝宝醒着时,也就是胎动明显时,用手电筒的弱光,照射胎宝宝的头部,每次照5分钟左右,每天照3次。为了让胎宝宝感受光的变化,可以在每次照射结束前开、关手电筒数次。不要在胎宝宝睡着的时候进行哦,否则会打乱胎宝宝的生物钟。

肆

寓言故事

意味深长 终身受益

三个和尚

扫一扫听音频

| 妈妈说 | 哈喽，宝贝，今天妈妈给你讲三个小和尚的故事，可有意思了，快来听听吧。

从前有座山，山上有座庙，庙里住着一个小和尚。小和尚每天自己挑水、念经、敲木鱼，夜里不让老鼠来偷东西，日子过得很舒服。

不久，来了位高个儿和尚。他渴极了，一到庙里，就把半缸水给喝光了。小和尚让他去挑水，高个儿和尚心想：一个人挑水太吃亏了，就让小和尚和他一起去抬水。可抬水的时候，水桶必须放在扁担的中间，要是不在中间，两个人就推来推去，谁都不想多出一点儿力气。不过，总算还是有水喝。

后来，又来了个胖和尚。他也想喝水，但恰好缸里没水了。小和尚和高个儿和尚让胖和尚去挑，胖和尚挑来一担水，立刻一个人喝光了。从此谁也不去挑水了，三个和尚就没水喝了。

大家各念各的经，各敲各的木鱼，夜里老鼠来偷东西，也没人管。一次老鼠打翻了烛台，引发了大火。和尚们这才慌了神，都争着挑水救火，好不容易扑灭了火，他们也明白了一个道理：三个和尚齐心协力，才有水喝。

国学赏析　宝贝,为什么一个和尚有水喝,两个和尚抬水喝,三个和尚反而没水喝了呢?这都是因为他们各自的懒惰、自私、不团结造成的。妈妈希望你以后能够成为有责任感、懂得合作的人。

朝三暮四

| 妈妈说 | 宝贝,妈妈听说怀你的时候多吃坚果能让宝贝更聪明,比如腰果、开心果、榛子等。噢?正不知该给宝贝准备什么故事呢,有了,就讲猴子吃橡子的故事吧。哈哈,想起这个故事就想笑!

从前,宋国有个老头儿,很喜欢猴子,就在家里养了一大群猴子。时间长了,他就了解了猴子的心思,猴子也能听懂他说的话了。于是,老头儿更喜欢这群猴子了,宁可减少家人的口粮,也要让猴子吃饱。

可是猴子的食量太大,慢慢地,老头儿家里的粮食一天比一天少。他想减少猴子的粮食,又怕猴子们不高兴,就先和猴子们商量,说:"从今天早饭起,我每天早上给你们3个橡子,晚上给你们4个橡子,怎么样?"猴子听后一个一个龇牙咧嘴,乱蹦乱跳,显得很不满意。老头儿见猴子嫌少,马上改口:"这样好了,我每天早上给你们4个,晚上再给你们3个,这样总够了吧?"猴子听说早上从3个变成了4个,以为粮食增加了,一个一个摇头摆尾,咧着大嘴直乐呵。从此,就有了"朝三暮四"这个成语。

_ 国学赏析 _ 早上3个、晚上4个变为早上4个、晚上3个,总数一样,猴子却没明白,以为食物多了。宝贝,这则寓言告诉我们,看事情不能被不同的形式迷惑,要看事情的本质,不能像猴子一样只关注表面的变化而忽略了真正重要的东西。

掩耳盗铃

扫一扫听音频

| 妈妈说 | 宝贝,妈妈给你讲故事,你开不开心呀?今天,妈妈给你讲一个特别好玩的故事。妈妈每次都忍不住要多读几遍,每读一遍就乐一遍。宝贝也来听听吧!

从前,有户大户人家没落了,有个人就想趁机到大户人家偷点东西。

小偷来到这户人家门外,看到大门上挂着一个铃铛。这个铃铛是由上等的青铜铸成的,造型和图案都很精美。小偷心里高兴极了,想把它偷回家。

可是,他的手刚轻轻一碰那个铃铛,铃铛就丁零丁零地响起来。这下,小偷慌了,心想:这下糟了,一出声音不就等于告诉人们我正在这里偷铃铛吗?

可铃声还在响着,小偷越听越害怕,不由得用双手捂住了自己的耳朵。

"咦,铃声变小了,听不见了!"小偷高兴起来,"好极了,好极了!把耳朵捂住,就听不到铃声啦!"他立刻找来两个布团,把耳朵塞住,心想:这下可听不见铃声了。

于是,小偷放心地去摘铃铛。没想到手刚碰到铃铛,就被闻声而来的人抓住了。

国学赏析

就算捂住了耳朵,铃铛还是照常会响,这个故事很简单,道理却很深刻,常常用来比喻人自己欺骗自己。人们在生活中,都不会做捂起耳朵盗铃铛的事,但或许会做类似道理的事。比如可能对自己不好的习惯,当作不存在,不去改变它。宝贝长大后要勇敢面对缺点,不要自欺欺人哦。

坐井观天

扫一扫听音频

| 妈妈说

宝贝,妈妈以前在公园的荷塘里,看到过一只小青蛙蹲在荷叶上,然后它两腿一蹬,倏地一下就没影了,特别可爱。妈妈今天给你讲一个小青蛙的故事。

一口废井里,住着一只小青蛙,它非常喜欢自己的这个家。有一天,井边来了一只从海里来的大鳖。小青蛙对大鳖夸口说:"我这里是世界上最棒的地方。你看,我住在这里多快活!高兴了,就在井栏边跳一阵。累了,就躲在井壁窟窿里休息。或者只露出头,安安静静地把全身泡在水里;或者在软绵绵的泥浆里散步,真舒服啊。看看那些虾、蟹、小蝌蚪,没有谁能像我这样快活。而且,我自己占着一口水井,在井里想跳就跳,想停就停,真是快乐极了!你为什么不来我这里参观参观呢?"

大鳖接受了小青蛙的邀请,可它左脚还没迈进去,右腿就被井壁卡住了。于是,只好小心翼翼地退回来,想了想,决定给小青蛙讲一讲自己住的大海:"大海是一个非常非常广阔的地方。就算发大水,海里的水也不会涨太多;如果连年大旱,海里的水,也不会变少。住在大海里,才是真的快乐呢!"

小青蛙听后,惊讶地合不拢嘴,它一直住在水井里,哪里知道外面的世界是什么样子的呀!

国学赏析

宝贝,你愿意像小青蛙一样生活吗?还是愿意像大鳖一样生活?妈妈希望宝贝能像大鳖一样多去外面走走、看看,多见世面,不要做目光短浅的小青蛙呀。

守株待兔

扫一扫听音频

| 妈妈说 | 宝贝，等你出生后妈妈要带你去农家院玩，那里可好玩了，小溪旁的菜园里，种着各种蔬菜，还有各种各样的小动物。现在呢，妈妈先给你讲一个农夫的故事。

宋国有个农夫，日出而作，日落而息。一天，他正在田里干活。忽然，一只兔子从树林里窜出来。兔子见了人，着急逃走，一不小心撞到田边的一个树桩上，把脖子撞断，死了。农夫放下锄头，跑过去看，没花一点儿力气，白捡了一只又肥又大的兔子，"看来我的好运来喽！"说完，农夫高兴地提起兔子，一路唱着歌回家了。

回到家，农夫美美地吃了一顿，还喝了两盅小酒。

第二天，农夫又来到田里。他想，说不定还会有兔子撞到树桩上，要是以后每天都能捡到一只兔子，该多好啊！农夫决定再碰碰运气，于是开始守着树桩等兔子，可是连个兔子的影儿都没见着，更别说撞到树桩的兔子了。

第三天，农夫没等到，第四天、第五天，农夫仍没等到……一天一天过去了，农夫干脆不干活了，整天守在田边，只等着兔子来撞树桩。

可是，农夫再也没有等到撞树桩的兔子。他的田里却长满了野草，庄稼全荒废了。

国学赏析

宝贝，兔子撞上树桩只是偶然，农夫却想一直这样不劳而获。这个故事告诉我们，不通过努力而获得成功只是一时的侥幸，不可能总是发生。想要有收获，我们必须靠自己去努力才行。

南辕北辙

妈妈说

你好呀，小宝贝，妈妈来啦！妈妈今天给你讲个特别好玩的故事哈！宝贝，听完后不妨想一想，故事里的人能到达他想去的地方吗？

从前有一个人，坐着马车在大路上飞跑。他的朋友看见了，叫住他问："你上哪儿去呀？"他回答说："到楚国去。"

朋友感到很奇怪，提醒他说："楚国在南边，你怎么往北走呀？"他说："那又怎么样，来看看我这匹马！"朋友仔细围着他的马转了几圈，惊讶地说："难道这就是传说中的千里马？"他说："算你识货，这正是千里马，跑得快着呢，不愁到不了楚国！"

朋友回过神来，着急地说："马跑得越快，离楚国不是越远了吗，老兄？"那人坚持说："没关系，我的车夫驾车技术非常高。"

朋友摇摇头说："那你哪一天才能到楚国呀！"他说："没事儿，不怕时间久，我带的钱多着呢。"

朋友对他说："楚国在南边，你硬要往北边走。方向错了，你的马越好，车夫的本领越大，带的钱越多，你们离楚国越远啊！"那人固执地说："哈哈，我才不信呢！再见，朋友！"说完，继续赶路去了。

他的朋友只好摇摇头，叹气道："人要去南边，车轱辘留下的车辙却往北边，这不是南辕北辙了吗？"

国学赏析

故事里的人想去南边，车子却往北边走，宝贝想一想，他能不能到达想去的地方啊？虽然地球是圆的，理论上能到，但太浪费时间、成本也超级高，还可能遇到未知的危险。宝贝，无论做什么事，首先一定要看准方向哦。

画饼充饥

扫一扫听音频

| 妈妈说 | 嗨,乖宝贝,今天玩得开不开心呀?妈妈感觉你在妈妈肚子里,这里蹬一脚、那里踹一下,像只小兔子!到了妈妈讲故事的时间了,静下来听故事吧。

三国的时候,魏国有个名叫卢毓(yù)的人。他为人忠厚、学识渊博,在担任魏国侍中一职期间,为魏文帝解决了很多难题,所以魏文帝很信任他。

当时选拔大臣,一般是通过别人推荐,而推荐者往往只推荐有名望的人。可这些名人多数只会不切实际地谈谈想法,不能解决什么实际事情,魏文帝对此很苦恼。

有一次,又要选拔大臣了,魏文帝就把卢毓找来,对他说:"这次选拔人才,就交给你啦!选拔不要只看名声,名声就像在地上画的饼,中看不中吃啊!"

卢毓说:"是啊,画饼很多人都会,但画出来只能过过眼瘾罢了。靠名声只能选到一般的人才。我觉得还要考试,看他们有没有真才实学。"

魏文帝觉得卢毓说得对,就对推荐上来的人进行考试,果然选到了好官。

就这样,从魏文帝说的话中,演变出了"画饼充饥"这个成语。

国学赏析

宝贝开动小脑瓜想一想,在地上画的饼,能吃吗?嗯,是不能吃的啦。所以,"画饼充饥"说的是用空想来安慰自己,起不到实际作用。宝贝,要想做成事,一定要一步一个脚印,有真才实学,不能画饼充饥哦!

高山流水

扫一扫听音频

爸爸说

宝贝,妈妈说你喜欢听小溪叮叮咚咚、小河哗啦哗啦的声音。妈妈现在身体越来越重了,不能到处去游玩了。今天呀,爸爸就给你讲个与声音有关的故事解解闷儿吧。

从前,有个叫俞伯牙的人很会弹琴,有个叫钟子期的人很会听音。

有一天,俞伯牙出去游玩,遇到了大雨。他只好坐在岩石下面,心里感到一阵寂寞忧伤,便拿出随身带的古琴弹了起来。他弹的琴音一会儿像在下大雨,一会儿又像山裂开。"好曲,真是好曲啊!"在山上砍柴的钟子期正在附近躲雨,已经在一旁听了好一会儿了,听到高兴时便不由地发出了赞叹。

俞伯牙觉得遇上了知音，又弹了一段关于高山的音乐。"好啊！这音乐就像是一座高山在不断起伏啊！"钟子期很快就听出来了。

俞伯牙又弹奏了一段曲子，钟子期说："这曲子就像河水一样在奔流啊！"俞伯牙兴奋极了，激动地说："知音！你真是我的知音。"于是，两人成了好朋友。

国学赏析

宝贝，俞伯牙弹奏《高山流水》遇到了知音钟子期，两人成了至交好友。宝贝，长大后如果你遇到了懂你的朋友，一定要珍惜这份相知相处的友谊哦。

胎教课堂

胎教音乐宜忌

轻柔舒缓的音乐非常适合胎宝宝听，音量大、节奏紧张的音乐则不适合，这会引起胎宝宝不安。《高山流水》是中国十大古典名曲之一，有古琴曲和古筝曲，其中古筝曲更适合胎教，它旋律典雅，韵味隽永，在曲子中能感受到连绵的高山和奔流的河水，让准妈妈和胎宝宝心旷神怡。

扫一扫听音频

铁杵成针

| 爸爸说 | 亲爱的宝贝,今天爸爸给你讲个大诗人李白小时候的故事,宝贝认真听哦!

大诗人李白年少求学时,长期读书却没有成果,打算放弃。一天,他看到一位老婆婆正在磨一根棍子粗的铁杵(chǔ)。李白走上前去问:"老婆婆,您在做什么?"

"我要把这根铁杵磨成一根绣花针。"说完,老婆婆又接着磨。"绣花针?"李白不太相信地又问:"是缝衣服用的绣花针吗?"

"当然!"

"可是,铁杵这么粗,要磨到什么时候啊?"

老婆婆说:"只要坚持一天一天地磨下去,今天的铁杵就会比昨天更细一点儿,最后自然就磨成绣花针啦。"

"可是,您的年纪这么大了?"

"只要我下的功夫比别人深,没有做不到的事情。"

老婆婆的一番话,让李白很有感触。于是,返回学校,继续读书。从此,他每天学习都很用功,终于成了名垂千古的大诗人。

国学赏析

宝贝，只要有毅力，肯下苦功夫，天底下没有做不成的事儿。李白被誉为诗仙，真是下笔如有神啊！但就算这样有天赋的人，也是下了很多苦功夫才能写好诗的，宝贝未来的学习是件苦差事，你也要多下苦功夫呀！

狐假虎威

| 爸爸说 | 小宝贝,妈妈说你最近长得好快呀,宝贝要多吃多睡,快快长大,爸爸相信,宝贝一定会长得聪明伶俐,不会像下面故事里的老虎一样犯糊涂。

在茂密的森林里,有一只老虎正在寻找食物。

一只狐狸从老虎身边跑过,老虎扑过去,把狐狸抓住了。狡猾的狐狸眼珠子一转,扯着嗓子对老虎说:"哼,你敢吃我?"老虎一愣,"为什么不敢?"

狐狸说:"老天爷派我来当兽王,你要是吃了我,就是违抗了老天爷的命令。"老虎迟疑了,松开了爪子。

看着老虎犹豫不决的样子,狐狸冷笑一声说:"我带你到百兽面前走一趟,让你看看我的威风!"

于是,狐狸在前,老虎在后,朝森林深处走去。狐狸神气活现,摇头摆尾;老虎半信半疑,东张西望。森林里的动物,一看见狐狸后头跟着老虎,吓得赶紧就跑。老虎见了,还真以为它们是害怕狐狸呢!

狡猾的狐狸得逞了,他借着老虎的威风把百兽吓跑了。老虎受骗了。

国学赏析

宝贝想过大老虎为什么会上小狐狸的当吗?爸爸想,是因为大老虎不了解狐狸的性格,不知道他们天性就是狡猾的。虽然看起来是狐狸胜利了,但是把戏一旦被戳穿,狐狸还是会被老虎吃掉。其实这个故事是想提醒我们,要做一个有真本事、不依赖他人势力的人,同时也要学会辨别真伪,不被表面现象所迷惑。

猴子捞月

扫一扫听音频

国学赏析

哈哈,这群猴子太"可爱"啦,要捞月亮,月亮好端端地在天上呢!宝贝,这个故事告诉我们,遇到事情要多动脑筋,多观察,不能像猴子那样盲目。要问井里的月亮是什么?那是月亮的影子呀,就像人有影子一样,房子、大树等都有影子啊。

| 爸爸说 | 宝贝，你喜欢月亮吗？有一群猴子，正挂成一串，说是在捞月亮呢，好不热闹！这是怎么回事呀？咱们快去瞧瞧吧。

一群猴子在林子里玩耍，它们有的在树上蹦蹦跳跳，有的在地上打打闹闹，好不快活。一只小猴独自跑到林子旁边的一口井附近玩耍，它趴在井沿上，往井里一伸脖子，忽然大叫起来："不得了啦，不得了啦！月亮掉到井里去了！"原来，小猴看到井里有个月亮。

一只大猴听到叫声，跑到井边朝井里一看，也吃了一惊，跟着大叫起来："糟了，糟了，月亮掉到井里去啦！"一只老猴带着一大群猴子朝井里一看，一起惊叫起来："完了，完了！月亮真的掉到井里去了！"猴子们叽叽喳喳，不知该怎么办。

最后，老猴说："大家别急，咱们快想办法把月亮捞起来吧！"

井旁边有一棵老槐树，老猴率先跳到树上，头朝下倒挂在树上，其他的猴子也依次头朝下一个一个抱住下面猴子的腿，挂成一长串。小猴子体轻，挂在最下边，它把手伸到井水中，对着月亮一把抓起，可是除了抓住几滴水珠外，怎么也抓不到月亮。小猴这样不停地抓呀、捞呀，折腾了老半天，还是没捞着月亮。

倒挂了半天的猴子们都有点支撑不住了，老猴子也腰酸腿疼了，猛一抬头，发现月亮还在天上，于是大喊："不用捞了，不用捞了，月亮还在天上呢！"

猴子们都抬头朝天上看，月亮果然好端端地在天上呢。

一叶障目

扫一扫听音频

| 爸爸说

宝贝啊,妈妈跟爸爸告状了,说你一会儿这里动一下、一会儿那里动一下,弄得妈妈午觉都睡不好了呢!妈妈和宝贝都辛苦了,这样吧,今天讲个特别好玩的故事给你们听,好不好?

从前有个穷书生,一天,他从书上看到这样的说法:螳螂在捕蝉时,用树叶遮住自己的身体,其他小昆虫就看不见它了,要是有人能得到那片树叶,就能用它来隐藏自己的身体。

书生想:要是我能得到那片树叶,就能遮住自己,想要什么只管到集市上去拿,就不用过苦日子了。

想到这儿,他扔下书就往树林跑去。他挨棵树找过去,忽然看见一只螳螂躲在一片树叶的背后。他高兴极了,赶紧爬上树,准备采那片叶子。不巧,一阵风吹来,那片叶子落到了地上。

树下有好多落叶,书生分不清哪片叶子是自己要找的了,就把所有的落叶都带回了家。

回到家后,他一片一片地轮番拿树叶来遮住自己的眼睛,问他妻子:"你还能看见我吗?"开始妻子还老老实实说能看见,后来见他没完没了地问,烦了,干脆说看不见了!

听了这话,书生拔腿就往集市跑去。到了集市,他一手举着妻子说"看不见"的这片树叶,一手拿别人的东西。结果被人当场抓住,送到了县衙门。县官审问他的时候,他老老实实地说了事情的经过。县官听了,都给气笑了,念他是个书呆子,训斥了一顿便把他放了。

国学赏析

宝贝,这个书生以为一片树叶就能挡住整个身体,是不是很搞笑呢。听完这个故事,宝贝以后长大了可不能被局部或暂时的现象所迷惑哦。

刻舟求剑

爸爸说

哈喽，宝贝，爸爸来喽！给你看看爸爸小时候的宝贝——一把剑！今天就来说个剑的故事好不好？

从前，有个楚国人要坐船过江。走到江心时，他忙着观看江上的美景，一不小心，挂在身上的宝剑掉进了江里。同船的人都提醒他："哎呀，剑掉下去了！"

这个楚国人一点儿也不着急，大家以为他还不知道是自己的剑掉了，都着急地跟他说，"你再不捞就来不及啦！"

只见这个楚国人不慌不忙地说："知道，不着急！怕什么，我有这个！"说着，他掏出一把小刀在船舷上刻了一个记号。

有人催他："这里水很急，还不赶快捞！在船舷上刻记号有什么用啊？"那个人不慌不忙，指了指刻的记号说："这还不简单吗？剑是从这儿掉下去的，等船靠了岸，我就从这儿跳下去，准能把宝剑捞上来。"大家都不理解他为什么这样想，便不再去问他。

船靠岸后，这个人顺着船舷上刻的记号，下水去找剑，找了半天也没有找到。楚国人很纳闷，一直自言自语："奇怪！我的剑明明是从这里掉下去的，怎么就找不到了呢？"

国学赏析

宝贝想一想，这个楚国人为什么没找到剑呢？因为船已经走了很远，而剑停在原地，在船上刻记号，怎么可能找得到剑呢。这个故事告诫我们不能死守教条，世界上的事物是不断发展变化的，情况变了，解决问题的方法也要随之改变，否则就会失败。

菱生山中，姜长树上

爸爸说

宝贝，你马上就要和爸爸妈妈见面了，开心吧？来，听爸爸讲故事啦！故事里有两个人，一个说菱角长在山中，一个说姜是树上长出来的。今天宝贝来当小老师，评评他们说的对不对。

北方有一个人，从来没有见过菱角。他到南方做官，有一天参加宴会，酒席上有菱角。他不知道怎么吃，就连壳一起放进了嘴里。

有人提醒他说："吃菱角要把壳剥掉。"这个人觉得不好意思，但为了掩饰自己的错误，说："我知道，我带着壳吃，是为了清热败火。"别人又问："北方也有菱角吗？"他张口就说："山前山后，到处都是！"大家听了，哈哈大笑起来。这个人挠挠头，不知道大家为什么笑他！

南方有一个人，从来没有见过姜，可他对别人说："姜是长在树上的。"旁边有人告诉他，"不对，姜是长在土里的。"这个人很固执，说："姜就是长在树上的。不信咱们找十个人来问问，我用我骑的毛驴跟你打赌。"随后他们就问了十个人，大家都说姜是长在土里的。这个人脸色大变，但还是坚持说："哼！这驴归你了，但姜就是树上长出来的！"

国学赏析

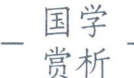

菱角生在水里，这个北方来的人却说长在土里；姜长在土里，那个南方来的人却说长在树上，这都是不懂装懂、固执己见闹出的笑话。宝贝，世界很大，有不知道的东西很正常，这时候应该勇于承认自己不知道，虚心学习。不要像故事中的两个人一样，否则反而会成为别人的笑柄。

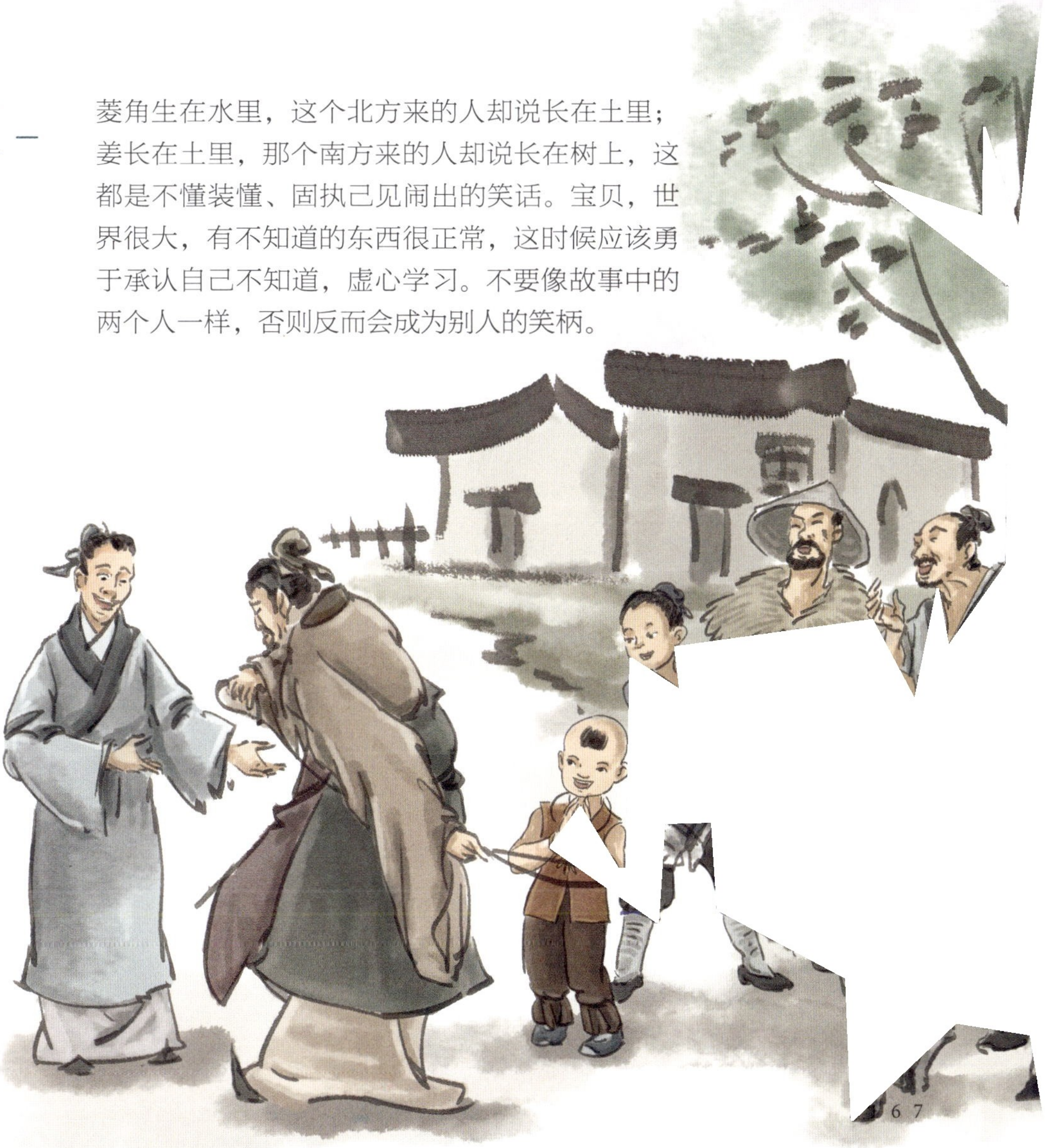

图书在版编目（CIP）数据

爸爸妈妈讲国学胎教 / 杨力编著. -- 北京：中国轻工业出版社，2025.5. --（胎教枕边书）. -- ISBN 978-7-5184-5440-2

I. G610.8

中国国家版本馆 CIP 数据核字第 2025986WP8 号

责任编辑：翟　燕

策划编辑：翟　燕　　责任终审：高惠京　　封面设计：伍毓泉
版式设计：悦然生活　责任校对：晋　洁　　责任监印：张京华

出版发行：中国轻工业出版社（北京鲁谷东街 5 号，邮编：100040）
印　　刷：北京博海升彩色印刷有限公司
经　　销：各地新华书店
版　　次：2025 年 5 月第 1 版第 1 次印刷
开　　本：787×1092　1/24　印张：7
字　　数：100 千字
书　　号：ISBN 978-7-5184-5440-2　定价：49.80 元
邮购电话：010-85119873
发行电话：010-85119832　010-85119912
网　　址：http://www.chlip.com.cn
Email：club@chlip.com.cn
版权所有　侵权必究
如发现图书残缺请与我社邮购联系调换

242165S3X101ZBW